눈을 떠요,
아프리카

믿음이란 한 알의 밀알이 땅에 떨어져 죽음으로 많은 열매를 맺음과 같이 진리의 열매를 위하여 스스로 죽는 것을 뜻합니다. 눈으로 볼 수는 없으나 영원히 살아 있는 진리와 목숨을 맞바꾸는 자들을 우리는 믿는 이라고 부릅니다. 「믿음의 글들」은 평생, 혹은 가장 귀한 순간에 진리를 위하여 죽거나 죽기를 결단하는 참 믿는 이들의, 참 믿는 이들을 위한, 참 믿음의 글들입니다.

눈을 떠요,
아프리카

김동해

전 세계 3만여 명에게
빛을 찾아준 안과의사,
아프리카 비전루트에 오르다!

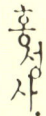

'눈을 떠요, 아프리카' 비전루트

들어가는 말

　아프리카의 겨울은 상상 밖으로 추웠습니다. 온몸에 핫팩을 붙이고, 가지고 있던 옷들을 다 껴입었는데도 뼈가 시리고 이가 덜덜 떨렸습니다. 오토바이를 타고 아프리카 고원의 바람 속을 달렸기 때문입니다.
　한국에서는 찜통더위가 한창이던 지난해 여름 7-8월 두 달 동안 저는 남아프리카공화국의 최남단 희망봉에서부터 시작해서 스와질란드, 모잠비크, 짐바브웨, 잠비아, 말라위, 탄자니아, 케냐, 우간다까지 정확하게 7,362킬로미터를 달렸습니다. 세계에서 실명률이 가장 높은 아프리카 사람들에게 백내장과 같은 실명을 초래하는 안과 질환에 대한 관심을 높이는 한편 무료로 수술을 해주기 위해서입니다.
　저는 평범한 안과의사입니다. 2001년 9월 11일 전까지는 그랬습니다. 미국 뉴욕의 거대한 무역센터건물이 무너져 내리는 것을 보고, 어떤 증오심이면 비행기로 수많은 사람이 일하고 있는 건물을 들이박을 수 있는지 정말 알고 싶었습니다. 제가 잘하는 것이라고는 안과수술밖에 없지만, 하나님께서 허락하시면 이 달란트로 무슬림들이 사는 나라에 가서 예수님의 사랑을 전하고 싶었습니다. 그래서 시작한 것이 2002년 파키스탄 카라치의 무료 백내장 수술(Free Eye Camp)이었습니다.

　　15년 동안, 하나님의 인도하심을 따라가다 보니 파키스탄에서 몽골, 동남아시아, 서남아시아, 아프리카, 중남미까지 봉사 활동 지역이 넓어졌습니다. 수술 후에 "눈이 보인다"라고 외치며 춤을 추고, 노래하고, 우리를 안고 눈물을 흘리는 환자들과 가족들의 모습 때문에 자꾸 활동하는 나라가 늘어만 갑니다. 이 모든 일은 휴가를 내고 개인 비용을 쓰면서 어떤 험한 곳도 두려워하지 않고 나가는 저의 사랑하는 동료 의사, 간호사, 안경사, 학생들이 함께했기에 가능한 일입니다.

　　'눈을 떠요, 아프리카' 프로젝트를 기획하면서 오토바이를 타고 떠난다고 하니 모두 걱정하며 말렸습니다. 너무 위험하고, 길이 없다고요. 하지만 하나님이 만드신 지구 위, 인간이 사는 곳에는 늘 길이 있습니다. 용기를 내서 한 발자국을 떼면 불기둥과 구름기둥처럼 때맞춰 준비해 놓은 것 같은 하나님의 놀라운 일들이 기다리고 있었습니다. 눈을 고쳐 주러 떠난 길에서 제 눈이 열려 아프리카의 새롭고 아름다운 모습들을 보고, 사랑스런 형제들을 만날 수 있었습니다.

저와 함께 험한 길을 달려간 권구현 목사님과 사랑하는 아내, 고생을 많이 한 비전케어 간사님들, 자원봉사자들 그리고 현지에서 주의 영광을 위해 헌신하는 선교사들, 이번 수술로 눈을 뜨고 새로운 인생을 시작하는 404명의 아프리카 형제자매들과 이 여정의 감동을 나누고 싶습니다. 책을 읽는 분들도 부디 마음이 따뜻해지시기를!

2017년 3월
명동성모안과 원장
(사)비전케어 이사장
김 종 해

차례

들어가는 말　　　　　　　　　　　　　　7

1. 아프리카를 달리다　　　　　　　　　13
2. 눈을 떠요, 아프리카　　　　　　　　21
3. 보이지 않는 길　　　　　　　　　　67
4. 길에서 길을 배우다　　　　　　　　127
5. 아프리칸 프라이드　　　　　　　　165
6. 희망을 이길 수는 없다　　　　　　197
7. 나는 이 길이 좋다　　　　　　　　249

비전케어 연혁　　　　　　　　　　　259
비전케어 수상 내역　　　　　　　　　261
김동해 원장 수상 내역　　　　　　　263

1.

아프리카를
달리다

주의 성령이 내게 임하셨으니
이는 가난한 자에게 복음을 전하게 하시려고 내게 기름을 부으시고
나를 보내사 포로 된 자에게 자유를, 눈먼 자에게 다시 보게 함을 전파하며
눌린 자를 자유롭게 하고 주의 은혜의 해를 전파하게 하려 하심이라 하였더라.
- 눅 4:18-19

2016년 7월부터 두 달 동안 오토바이를 타고 아프리카 대륙 최남단인 남아공에서 동북부의 우간다까지 아홉 개의 나라를 거치며 8,000킬로미터를 달릴 예정이었다. 연습용으로 산 스쿠터를 꺼냈다. 겨우내 추위와 눈 때문에 못 탔더니 그만 배 속이 비었는지 꼼짝을 안 했다. 방학이라 집에 있던 둘째아들 영유와 함께 스쿠터 두 대를 주유소까지 끌고 갔다. 기름을 넣으니 그제야 부릉부릉 힘차게 돌아갔다.

아직은 쌀쌀한 아침, 스쿠터를 타고 출근길에 올랐다. 신촌 집에서부터 직장이 있는 명동까지 버스와 자동차로 꽉 막힌 도로를 조심스레 달렸다. 아프리카를 달릴 계획을 세운 다음부터 웬만하면 스쿠터로 출퇴근했다. 포장이 잘 된 서울의 아스팔트 도로와 아프리카의 거친 길은 전혀 다르겠지만, 적어도 오토바이의 감은 익혀야 했다. 떠나기 전, 강원도 산길에서 다시 한 번 주행 연습을 했다. 아프리카에서는 흔하게 만날 오프로드 연습이었다.

나는 거친 남자가 아니다. 문신도 없고 쇠사슬로 된 목걸이나 징 박힌 가죽 바지도 없다. 취미로 오토바이를 타는 마니아도 아니다. 평생 수수하게 살아온 아담한 체격의 모범생이며, 수술실에서 수술하는 것을 가장 좋아하는 안과의사다. 그런 내가 오토바이를 타고 아프리카 대륙을 달리려는 것은 이유가 있었다. 아프리카 최남단 남아프리카공화국에서 동북부의 우간다까지 오토바이로 달리면서 안과 질환 치료의 중요성에 대해 홍보하고, 수술이 가능한 병원에서 프리아이캠프를 열기 위해서였다.

나는 백내장과 라식, 라섹 수술만큼은 국내에서 손에 꼽을 수 없을 만큼 많이 했다. 특히 백내장 수술은 세계 35개국을 다니면서 1만 명 가까운 환자들을 수술했다. 2002년에 국제실명구호기구 비전케어라는 NGO를 세웠고, 1년에 3분의 1은 전 세계 열악한 나라들을 다니며 무료 백내장 수술을 해주었다. 이런 내 시각에서 볼 때도 아프리카의 의료 현실은 비참했다. 전 세계에서 5초마다 성인 한 명이, 1분마다 어린이 한 명이 시력을 잃는다. 이 지구상에는 2억 8,500만 명의 시각장애인이 있는데 그중 90퍼센트가 저개발국, 특히 아프리카에 있다. 안타까운 것은 그 가운데서 80퍼센트는 간단한 치료나 수술로도 시력을 회복할 수 있다는 것이다. 특히 백내장은 20-30분 정도 걸리는 짧은 수술만 하면 아무 문제없이 세상을 다시 보게 된다. 하지만 아프리카에는 평균 인구 100만 명당 안과의사가 1명뿐이고 그나마 병원은 대도시에 집중되어 있어 대부분의 환자는 병원에 찾아가는 것조차 어렵다. 세계에서 시력을 잃는 사람의 비율이 가장 높은 곳이 아프리카 대륙인 이유다.

눈은 신비하다. 진화론자인 찰스 다윈도 눈의 진화는 설명하지 못했다. 눈은 대뇌로 150만 개의 메시지를 동시에 보낼 수 있다. 망막에는 1억 3,700만 개 이상의 신경 전달 경로를 갖고 있다. 몸이 천 냥이면 눈이 구백 냥이라는 옛말은 그저 나온 것이 아니다. 뇌가 처리하는 정보의 83퍼센트가 눈을 통해 뇌로 전달된다. 12개의 뇌신경 중에 6개가 눈을 관장하고 있다. 눈으로 본다는 것이 사람 살아가는 데 그만큼 중요하다는 뜻이다.

백내장은 눈 안에 카메라렌즈 역할을 하는 수정체에 혼탁이 생기면서 사물이 흐리게 보이고 나중에는 시력을 잃게 되는 질환으로, 실명의 큰 원인이다. 대부분 나이가 들어서 생기지만 일부는 다쳐서 생기기도 한다. 아프리카에는 선천적으로 백내장을 가지고 태어나는 아이가 많다. 원인이 다 밝혀진 것은 아니지만, 모태로부터 선천성 풍진에 걸린 채 나오는 아기가 많은 탓도 있다. 백내장 수술은 하얗게 변한 수정체를 빼내고 인공수정체로 바꿔 주는 수술이다.

백내장 수술은 수술 방과 장비가 갖춰 있으면 훈련된 의사 혼자서도 할 수 있다. 응급 상황이 없어 대학병원뿐 아니라 오지에서도 수술이 가능하다. 그러나 그 결과는 드라마틱하다. 눈이 안 보여 지팡이나 사람의 손에 이끌려 온 환자가 백내장 수술을 받으면 즉시 지팡이도 던져 버리고, 다른 사람의 도움 없이 자기 발로 걸어 나가는 기적이 일어난다. 20분의 수술로 눈이 보이게 되는 것은 눈만 보이는 것이 아니라 삶이 새로 열리는 것이다. 에티오피아에서 백내장 수술을 받은 할아버지는 이렇게 말했다. "오늘이 내 생일이에요. 나는 다시 태어났어요. 이제 하늘의 별도, 내 가족도 볼 수 있어요."

이런 이유 때문에 아프리카에 가기로 결심했다. 그런데 사람들은 내게 묻는다. "왜 하필이면 아프리카예요? 위험하지 않아요? 그것도 오토바이를 타고?" 내 대답은 간단하다. "아프리카가 어때서요?" 우리가 보통 생각하는 아프리카는 죽음의 땅이다. 에이즈로 대표되는 각종 질병과 가뭄으로 인한 물 부족, 황무지, 종족 간의 잔인한 내전, 미개함, 게으름, 무지함 등을 떠올린다. 죽어가는 작은 소녀와 그 아이가 죽기를 기다리는 독수리 사진이 아프리카의 현실라고 생각한다. 나 역시 비슷한 선입견을 가지고 있었다. 파키스탄과 동남아시아, 몽골, 중국에서 수십 차례 의료 봉사를 했지만, 선입견 때문에 아프리카만큼은 가고 싶지 않았다. 그런 나를 하나님은 아프리카로 밀어붙이셨다. 2007년에 와서야 처음으로 스와질란드에서 아이캠프를 열었다. 스와질란드는 세계에서 에이즈 감염률이 가장 높은 나라로, 전 국민의 40퍼센트가 에이즈 보균자다. 그 후, 나는 아프리카를 수십 차례 방문했다. 아프리카는 아름다운 대륙이었다. 태초의 자연의 생동감이 넘치고 사람들에겐 순수함이 있었다.

하나님이 지으신 인간에게 선과 악이 혼재되어 있듯, 하나님이 만드신 지구 역시 어딜 가나 아름다움과 추함이 공존한다.

아프리카도 그런 것뿐이다. 가난하다고 꼭 불행하고 슬픈 것은 아니다.

그런데 왜 내가 굳이 오토바이로 종단하는 것을 마음먹었을까. 눈높이에서 아프리카를 경험하고 싶었기 때문이다. 10년 가까이 아프리카 각 나라를 다니며 많은 환자를 수술했다. 대부분 비행기와 자동차로 이동했다. 그래서인지 병원으로만 점점이 다니다 돌아오는 이방인 같았다. 이번에는 그 벽을 헐고 온몸으로

마을에서 뛰노는 아이들의 모습.

아프리카를 마주하고 싶었다. 그들의 일상인 흙바람도 맞고, 자외선 가득한 땡볕도 쬐고, 그들과 함께 길가 식당에서 현지 음식도 먹고, 오가는 사람들과 눈을 마주치고, 이야기도 나눠 보고 싶었다. 즉, 그들을 경험하고 싶었다. 아프리카를 잘 알아야 그들을 진정 이해할 수 있기 때문이다.

두 달 동안 아홉 나라를 거치고 시골길과 시장과 골목을 다

니면서 내가 몰랐던 아프리카의 속살을 경험했다. 그리고 가능하다면, 아프리카에 사는 많은 사람에게 우리가 피할 수 있는 실명자(Avoidable blindness)들을 위해 무료로 백내장 수술을 해준다는 것을 알려 주고 싶었다.

혼자 간 것은 아니었다. 선린교회 권구현 목사님이 동행했다. 권 목사님은 파키스탄에서 단기 의료 선교를 할 때 처음 만났는데, 이후 지금까지 비전케어 사역을 함께하고 있다. 고맙게도 성도들이 목사님께 오토바이를 사주고, 두 달간의 아프리카 사역을 허락해 주었다. 오토바이를 타보기는커녕 만져 보지도 않은 모범생 목사님이 주님의 말씀에 붙들려 면허를 따고 나와 동행했다. 간호사와 행정요원, 의료장비와 물품을 실은 의료팀 차량도 같이 갔다. 내 아내와 딸도 자원봉사자로 동행했다. 방문한 나라는 아홉 나라였는데 정식 아이캠프가 열리는 곳은 여섯 나라였다. 각각의 병원에는 스케줄에 맞춰 한국과 미국 등지에서 날아온 의료진과 자원봉사자들이 번갈아 가며 우리를 기다리고 있었다. 이 계획은 절대 혼자 할 수 있는 일이 아니었다. 그들의 도움이 없었다면 불가능했을 것이다.

아프리카 종단을 계획한 한 가지 이유가 더 있었다. 최근 아프리카에 이슬람교가 급속도로 퍼지고 있다. 중동의 오일 머니가 국가 원조 루트를 타고 들어와 학교와 병원을 지어 주고 있기 때문이다. 아프리카에 갈 때마다 무슬림의 예배처인 모스크가 곳곳에 늘어나고 있는 것을 목격했다. 이런 상황에서 기독교 선교가 위축될 수도 있다는 우려가 들었다. 나와 우리 비전케어는 백내장 환자들의 수술이 주목적이었지만, 가난한 사람들의 눈을 고쳐 주면서 자연스럽게 하나님의 사랑과 영광을 드러내고, 현지 선교사들과 교회 사역에 조금이나마 도움을 주는 것이 다른 목표였다.

떠날 날짜가 다가오면서 조금씩 두려운 마음이 들었다. 사람들은 "아프리카는 위험하다", "오토바이를 타고 갈 수 있는 길이 없다"며 자꾸 나를 주저앉히려 했다. 다행히 하나님께서 내 약한 마음을 꽉 잡아 주셨다. 그 믿음에 의지해 떠났다. 길이 있어서 가는 게 아니었다. 보이는 길은 누구나 간다. 하나님은 홍해나 사막같이 인간의 눈에 보이지 않는 광야 길로 우리를 이끄신다. 믿음으로만 볼 수 있는 비전루트다. 주님이 불과 구름기둥으로 우리를 인도해 주실 것을 알고 있었다.

2.

눈을 떠요, 아프리카

내 눈을 열어서 주의 율법에서 놀라운 것을 보게 하소서.
—시 119:18

희망봉에서

비행기가 남아프리카공화국 케이프타운 상공에서 하강하기 시작했다. 광활한 아프리카 대륙 위로 태양이 붉게 떠오르고 있었다. 붉은 흙과 바위들, 푸른 바다가 눈앞에 펼쳐졌다.

지구 위, 여섯 대륙 가운데 가장 어둡다고 알려져, 일명 '검은 대륙'으로 불리는 이곳에 나와 비전케어의 사역이 도움이 되기를 기도했다.

공항 밖은 선선한 가을 날씨였다. 이곳 사람들은 모두 두툼한 겨울 파카를 입고 있었다. 현지인들은 우리 일행이 입고 있는 반팔이 이상한지 자꾸 쳐다봤다. 곧 찬바람이 뼛속까지 느껴지기 시작했다. 7월 4일, 한국은 뜨거운 여름이었지만 아프리카 남반구 끝인 여기는 가장 추운 겨울이었다.

'눈을 떠요, 아프리카' 1차 비전루트가 시작되는 케이프타운에 예정보다 조금 일찍 도착한 이유는, 마침 이곳에서 7월 5일부터 8일까지 열리는 남부 아프리카 유스 코스타 강사로 초청받았기 때문이었다. 코스타(KOSTA: 국제복음주의학생연합회)는 외국에 나와 공부하는 한국인 유학생들을 위한 신앙수련회다. 1986년 미국 워싱턴 근교에서 시작된 코스타는 학문과 신앙을 통해 미래의 크리스천 지도자들을 세우고자 하는 비전을 가지고 있다. 이번 유스 코스타는 조기 유학생들을 위한 수련회였다. 내가 오전 강의를 맡았다. 수련회 주제는 "복음으로 살라"였다. 둘러보니 어린 나이에 유학을 온 젊은 유학생이 400명쯤 되었다. 선교사나 현지 주재원의 자녀들인 경우도 있었고, 부모가 큰 꿈을 이루라고 일찌감치 이곳에 보낸 케이스도 많았다. 언어도 서툴고, 문화도 다르고, 무엇보다 부모의 사랑과 돌봄을 그리워하며 청소년기를 외국에서 보내는 청년들에게 나는 내 이야기를 들려주었다.

대학 입시에 떨어져 재수를 했고, 레지던트시험에서 떨어진 경험도 있지만 그것들이 인생을 겸허하게 또 더 넓고 깊은 안목으로 바라보게 했고, 결국 지금 전 세계의 저개발 국가를 다니며 무료 백내장 수술을 해주는 의사가 되었다고 간증했다. "지금은 고통스럽고, 이 고통의 의미를 잘 모를지라도 잘 참고 견디면 나중에 이 시간이 하나님께서 우리를 쓰시기 위해 훈련하는 시기라는 것을 알게 됩니다." 진심이었다. 아프리카는 앞으로 기회가 많

유스 코스타 특강 중에. "지금은 고통스럽고, 이 고통의 의미를 잘 모를지라도 잘 참고 견디면 나중에 이 시간이 하나님께서 우리를 쓰시기 위해 훈련하는 시기라는 것을 알게 됩니다"라고 힘주어 말했다.

은 대륙이 될 것이다. 이 청년들이 하나님 나라를 위해, 대한민국을 위해, 그리고 자기 자신을 위해 훌륭한 사람이 되길 기도했다.

오후에는 현지 선교사들을 대상으로 사역자 세미나와 선택 세미나가 있었다. 우리 비전케어 사역과 곧 시작할 '눈을 떠요, 아프리카' 프로젝트를 소개했다. 우리가 오토바이를 타고 아프

눈을 떠요, 아프리카

리카를 종단하면서 실명을 방지하는 '눈'에 대한 홍보를 하고, 현지 병원과 협력해서 사람들의 '눈'을 고쳐 주고, 또 선교사들을 도와 주님의 나라를 확장하는 일에 대해 좀 더 자세히 설명해 주었다. 그러면서 "혹시 자원봉사에 관심이 있으면 우리와 함께해 주셨으면 합니다"라고 요청했다. 몇몇 청년이 관심을 보였지만 이 넓은 아프리카 대륙에서 그들을 다시 만날 수 있으리라고는 기대하지 않았다.

일정이 끝나고 저녁으로 KFC 치킨을 먹었다. 생각했던 것보다 엄청 짰다. 현지 코디네이터의 말로는 남아공 흑인들의 입맛에 맞춰 짜게 만든다고 했다. 그리고 매장 안에는 이상하게 피부가 검은 사람들만 앉아 있었다. KFC는 가격이 싼 편이라 흑인이 많이 오는데, 백인들은 흑인들과 같이 앉아 먹지 않고 그냥 테이크 아웃을 한다고 했다. 반대로 가격이 비싼 유명 햄버거 집은 주로 백인들이 매장에서 먹고, 흑인들은 포장해 간다고 했다. 남아공에 아직도 뿌리 깊이 남아 있는 인종차별의 그림자였다.

유스 코스타 강의를 마치고 본격적인 장정에 오르기 전, 희망봉에 갔다. 남아공은 여러 번 왔지만 희망봉에 가기는 처음이었다. '눈을 떠요, 아프리카' 프로젝트를 준비하며 우리의 꿈과 소망의 의미를 가장 잘 살릴 수 있는 곳에서 기도하며 출발하고 싶었다.

희망봉은 인도양과 대서양을 동시에 볼 수 있는 곳이다. 한류와 난류가 만나는 곳이라 그런지 파도가 세차게 일었다. 그래서 1488년 이곳을 처음 발견한 포르투갈의 항해가 디아스는 '폭풍의 곶'(Cape of Storms)이라고 이름을 붙였다. 디아스가 그곳을 발견하고 10년 뒤 바스쿠 다 가마가 인도로 가는 항로를 개척하자 포르투갈 국왕 주앙 2세가 인도로 가는 희망이 열렸다는 의미로 '희망봉'(Cape of Good Hope)으로 이름을 바꾸었다고 한다.

파도가 세차게 이는 희망봉 앞에서 바라는 것을
눈앞에 그리며 여정을 시작했다.

2. 눈물의 바다, 아프리카

한 사람은 눈앞의 높은 파도를 보았고, 다른 사람은 희망을 본 것이다.

믿음은 바라는 것들의 실상이요 보지 못하는 것들의 증거라고 했다. 나 역시 아무것도 보지 못했지만 바라는 것을 눈앞에 그리며 이 여정을 시작했다. 아프리카의 광활한 대지와 유난히 맑고 푸른 하늘, 그리고 대서양과 인도양이 만나는 바다의 거친 파도를 보며 이처럼 아름답고 밝은 세상에 우리의 사역이 조금이라도 도움이 되길 기도했다.

기드온 300용사

아프리카를 향한 마음은 10년이 넘었다. 2007년, 아프리카 대륙에서는 처음으로 스와질란드에서 아이캠프를 시작할 때였다. 그 커다란 나라에 안과의사가 단 한 명, 그것도 남아공에서 온 의료선교사라는 사실에 큰 충격을 받았다. 그전에 있었던 정부병원의 의사는 일이 너무 많아 과로로 죽었다는 이야기까지 들었다. 스와질란드뿐 아니라 아프리카 대부분의 나라에 안과의사가 태부족했다. 그마저도 의사들은 대도시에만 있어 지방에 사는 사람들은 평생 안과의사를 만날 수 없었다. 게다가 의료비도 비싸 간단한 수술도 몇 달치 생활비를 내야 하니 적절한 치료를 받기란 거의 불가능했다.

우리가 조금만 도우면 눈을 뜰 수 있는 사람들이 눈이 멀어 간다는 것을 알고 나자 가슴이 먹먹했다. 실명구호활동이 시급했지만, 아프리카까지 가기에는 비용과 시간이 너무 많이 들었다. 2010년, 미국 동부에 있는 버지니아 열린문교회와 함께 서부 아프리카의 감비아에서 사역을 다시 시작하면서, 아프리카에

접근하기 쉬운 미국에서 비전케어 법인을 만들게 되었다. 한국보다는 미국에서 아프리카로 이동하기 쉽고, 자원봉사와 기부문화가 발달되어 있으며, 영어가 능통하고 예수님을 사랑하는 젊은이들이 봉사에 많이 참여하는 장점이 있기 때문이었다.

우리는 단기 수술 봉사뿐 아니라 서부 아프리카 지역, 에티오피아, 우간다에 비전케어 지부를 만들어 그 지역 정부병원에서 현지 의료진과 함께 수술 지원과 의료진 교육, 학교 시력검진과 지역사회 안보건 사업 등 장기 사역을 펴게 되었다. 그때부터 본격적으로 아프리카를 향한 구체적인 계획을 세우게 되었다.

'눈을 떠요, 아프리카' 제1차 비전루트 동남부 아프리카 프로젝트였다. 이동안과병원 차량을 타고 남아공에서 에티오피아까지 달리면서 홍보도 하고, 무료 수술과 의료진 교육을 해주는 구상이었다. 그런데 차량과 장비 마련 등 예상 비용이 너무 컸다. 5억 원 정도가 필요했다. 그 비용을 어떻게 준비해야 할지 몰라 기도하며 갈등하고 있었다.

마침 국내 화학회사의 부장님이자, 안수집사인 이국희 후원자에게서 전화가 걸려 왔다. "5억 원을 300명이 나누면 좋겠습니다. 기드온과 300용사처럼요. 그러면 한 사람이 170만 원씩 내면 되거든요." 5억 원이 필요하다는 '눈을 떠요, 아프리카' 프로젝트 소식을 듣자 문득 기드온 300용사가 떠올랐다고 했다. 이 말을 전해 들은 내 눈도 번쩍 뜨였다. 그분이 첫 타자로 170만 원을 보내 오시고, 나와 내 아내가 두 번째, 세 번째 후원자가 되었다. 그러자 기드온 성금이 조금씩 모이기 시작했다.

환갑잔치를 위해 돈을 모았지만 생신을 앞두고 교통사고로 돌아가신 아버지의 잔치 비용을 기부한 가족도 있고, 한쪽 눈이 안 보이는 어머니를 홀로 두고 선교지로 떠나는 선교사가 어머님을 하나님 손에 맡기며 후원을 하기도 했다. CTS기독교방송의

〈내가 매일 기쁘게〉 프로그램에 나가 이 프로젝트를 소개했더니 사회를 맡았던 탤런트 정애리 권사가 16번째 기부자가 되기도 했다. 기드온 300용사를 처음 제안한 이국희 씨는 모금이 부진하자 아들과 미국에 있는 가족들까지 총동원하며 기부를 했다. 그러나 경제가 어렵고, 한 번에 170만 원이란 돈을 내기가 부담이었던 것 같다. 2016년이 되었는데도 300명 중 절반을 채울 수 없었다.

후원자들이 다 모일 때까지 기다리기만 할 것이 아니라 일부 지역에서라도 먼저 프로젝트를 시작해야겠다는 생각이 들었다. 처음 아프리카 사역을 시작했던 스와질란드부터 모잠비크, 짐바브웨, 잠비아, 말라위, 탄자니아, 케냐, 우간다까지 동남부 아프리카 나라들을 1차 비전루트로 정했다. 에티오피아까지 가고 싶었지만, 케냐에서 에티오피아를 지나가는 길이 너무 어렵고 위험하다고 하여 일단 우간다까지로 정했다. 일단 예수님만 바라보고 갈릴리 호수 위에 발을 내려놓기로 한 것이다.

그러자 예상치 못한 곳에서 후원이 들어왔다. 인천 선린교회와 목동 평광교회의 한 집사님이 내 이야기를 듣고 큰돈을 보내오신 것이다. 5월에는 조선일보사와 경찰청에서 주관하는 청룡봉사상 인(仁)상까지 받게 되었다. 이 상은 우리 비전케어의 모든 봉사자들을 대표해서 받는 것이기 때문에 상금 전액을 프로젝트에 넣었다. 이런 일들이 하나님께서 보내신 사인이라고 믿었다. 2002년 처음으로 파키스탄을 향해 의료봉사를 떠날 때처럼 하나님의 "가라" 하심만 믿고 떠나기로 결심했다. 두 달 동안 자리를 비워야 할 병원이 걱정되고, 사역에 드는 비용이 다 준비된 것도 아니었다. 현지 병원과 정부 관계자들의 협조도 확신할 수 없었다. 날씨와 도로와 강도 위협 등 여러 위험도 감수해야 했다. 어쩌면 목숨을 걸어야 할지도 모르는 일이었다. 그러나 몇 달을 배를 타고 아프리카에 들어가, 풍토병과 싸워 가며 죽음에 이르도록 전도한 옛 선교사들에 비하겠는가.

　1841년 케이프타운으로 들어와 평생을 아프리카에 헌신한 리빙스턴 선교사가 있다. 그는 스코틀랜드 출신으로 유럽인 최초로 아프리카를 횡단한 의료 선교사이자 탐험가였다. 60평생에 33년을 아프리카에서 보낸 그는 아프리카의 태양열에 피부가 검은 고무처럼 변했고, 사자에 물려 어깨가 탈구되었으며, 한쪽 눈이 나뭇가지에 찔려 잘 보이지 않았다고 한다. 그가 선교를 시작한 남아공에서부터 보츠와나, 모잠비크, 짐바브웨, 잠비아, 말라위, 탄자니아까지, 이 나라들은 공교롭게도 앞으로 우리가 달려갈 지역들이었다. 잠비아에는 리빙스턴의 심장이 묻혀 있고, 모잠비크에는 그의 아내의 무덤이 있다.

　희망봉에서 망망한 대해와 거친 파도를 바라보니 드디어 '10년 동안 꿈만 꾸어 오던 일을 진짜 시작하는구나' 하는 벅찬 감동이 밀려왔다. 선교는 우리만 하는 일은 아니다. 이미 오래전 많은 선교사가 이 땅에 들어왔고, 더 이전에도 이름 모를 예수님의 제자들이 시작한 일이었다. 지금도 수많은 선교사가 아프리카 곳곳에서 수고하고 있다. 이번 유스 코스타 수련회의 말씀은 요한일서 3장 16절이었다. "그가 우리를 위하여 목숨을 버리셨으니 우리가 이로써 사랑을 알고 우리도 형제들을 위하여 목숨을 버리는 것이 마땅하니라." 곧 아프리카를 달려가며 형제들의 눈을 수술해야 할 나와 우리 일행에게 주시는 말씀이었다.

두 대의 오토바이

서울에서 보내 온 오토바이를 시운전했다. 커다란 여행용 오토바이였다. 처음 오토바이를 타본 것은 고등학교 때였다. 공장을 운영하시던 고모부가 주신 것을 면허도 없이 타고 다녔다. 그러던 어느 날 학교에서 돌아오니 오토바이가 없어졌다. 매일 사고가 날까 봐 걱정하시던 어머니가 가스통 배달 기사에게 팔아 버린 것이다.

대학교 때는 어머니 몰래 오토바이를 샀다. 수학 과외를 하면서 학비와 생활비를 벌 때였는데 나는 꽤 유명한 과외 선생이었다. 여러 곳에 떨어진 과외 장소에 다니기 위해 오토바이를 샀는데, 교회에 몰래 세워 둔 것을 어떤 집사님이 어머니께 일러서 걸리고 말았다. 일주일 만에 반품했다. 결혼하고는 아내 몰래 오토바이 면허를 따다가 걸렸다. 40세가 넘으니까 이제 더 이상 미루다가는 탈 수 없을 것 같았다. 고맙게도 아내는 나를 이해해 주었다.

내가 '눈을 떠요, 아프리카' 프로젝트를 얘기했을 때 사람들은 농담으로 넘겼다. 또 몇몇은 위험하다고 말렸다. "미쳤어요? 아프리카에 오토바이를 타고 간다고요? 길 좋은 데서도 사고가 나는데 그 험한 곳에 길도 없는 아프리카를 달려요? 그러다 죽어요." 하지만 내 안에서는 다른 목소리가 들렸다. "뭘 망설여. 지금이 아프리카로 달려갈 시간이야." 그렇게 알려 주신 분은 하나님이었다.

각종 서류와 통관세 처리 등 사람보다 더 까다로운 입국절차를 마친 오토바이였다. 오토바이 앞에는 태극기를, 뒤에는 비전케어와 우리를 후원한 선린교회, 명동성모안과, KT, 한림제약 등 스폰서들의 로고를 붙였다. 그러다가 태극기가 우리나라 국기인 줄을 모르는 아프리카 사람들이 만날 때마다 중국인이냐고 물어봐서, 영문으로 'KOREA'라고 크게 써서 붙여 놓았다.

시운전을 했다. 좌작우크! '좌편으로 돌때는 작게, 우편으로 돌 때는 크게.' 영국 식민지였던 나라가 많은 아프리카에는 좌측통행이 많다. 이번에 우리가 달려야 할 나라들도 모두 좌측통행이어서 우리와 반대인 운전 방식 때문에 사고가 날 수 있었다. 잘못하면 반대편 차선으로 들어가는 큰일을 당할 수 있었다. 이 공식은 정말 중요했다. 우리는 무전기로 서로 연락을 주고받으며 안전에 유의하기로 했다.

두 대의 오토바이는 나와 권 목사님이 타고, 비전케어 인원 11명은 의료 팀과 이동 팀으로 나눠 차량 두 대로 이동했다. 의료 팀은 이동 팀보다 먼저 예정된 병원으로 가서 수술을 준비하기로 했다.

오토바이에 탄 나와 권 목사님. 우리는 무엇보다 안전에 유의하기로 했다.

우간다와 탄자니아 그리고 서울에서 비전케어 팀원들이 속속 도착했다. 과테말라와 엘살바도르에서 남미 캠프를 진행한 간사들도 바로 아프리카로 날아왔다. 피곤이 풀리기도 전에 다시 아프리카를 종단해야 하니 아무리 젊은 사람들이지만 힘이 들 수밖에 없었다. 그렇지만 그들이 남미 캠프에서 경험한 감동적인 일들은 새 힘을 주기에 충분했다. 백내장으로 일을 구하지 못하던 가장이 눈을 고치고 새 일자리를 구할 희망을 가졌고, 태어날 때부터 한쪽 눈이 보이지 않던 13세 소녀가 수술 후 시력을 되찾자

출발 전에 비전케어 팀원과 함께. 요하네스버그 한인교회 앞에서 단체사진을 찍었다.

열심히 공부해 어려운 사람들을 돕는 안과의사가 되리라 다짐했다고 한다. 어릴 때부터 아버지에게 학대를 당하고 버림받은 한 소년이 동생들과 같이 살기 위해 농장에서 심한 노동을 하다가 두 눈 모두 백내장에 걸렸는데 수술을 받고 시력을 되찾았으며, 더욱이 그 소년은 아버지를 용서하고 목사가 되려 한다고도 했다.

아이캠프에서는 이런 감동적인 이야기가 수도 없이 나온다. 그래도 들을 때마다 눈시울이 뜨겁다. 이번 프로젝트에서도 이와 같은 기적이 일어날 것을 기대하게 만들었다. 오토바이로 아프리카를 종단하며 의료봉사를 하는 일은 처음 시도하는 프로젝트였다. 길과 숙소, 병원 사정, 국경 통과 등등 정보는 적고 확실한 것은 없었다. 하지만 모든 두려움, 걱정, 불안, 근심은 내려놨다. 하나님께서 시작하신 일이 아닌가. 우리는 그 기적을 따라가기만 하면 되었다.

저녁에는 요하네스버그 한인교회에서 맛있는 저녁을 대접받았다. 나그네에게 가장 필요한 것이 먹을 것과 쉴 곳이다. 손 대접을 잘하라는 성경의 말씀대로 그 교회는 나그네 대접을 잘해 주었다. 얼마나 고마운가.

우리에겐 사랑이 없어요

아이캠프를 여는 스와질란드로 떠나기 전, 하루 일정으로 보츠와나 보건국을 방문했다. 계획에는 없었지만 보츠와나에 살고 계신 한인회 김채수 회장님으로부터 꼭 와달라는 초청을 받았다. 요하네스버그에서 보츠와나의 수도 가보로네로 가는 아주 작은 비행기를 탔다.

보츠와나 의과대학 부학장인 닥터 은코마자나를 만났다.

알고 보니 나와 함께 에티오피아와 미국에서 같이 일했던 닥터 잔 켐펜과 아는 사이였고 크리스천이었다. 딱 맞는 사람들을 만날 때마다 이것이 하나님이 주시는 사인이라는 것을 느꼈다.

닥터 은코마자나와 보츠와나 보건국 관리와 안과상황에 대해 이야기를 나눴다. 보츠와나는 인구가 200만 명 정도인데 다이아몬드가 많이 생산되는 나라라 돈이 많다. 닥터 은코마자나도 "우린 후진국이 아니라 중진국이다"라고 했다. 관료들의 청렴도도 아

보츠와나 보건국에서 닥터 은코마자나와 김채수 한인회장과 함께.

프리카에서 최고이며, 병원 시설도 훌륭하고 환자에 대한 정부 지원도 좋아 국민들이 무료로 수술을 받을 수 있었다. 그러나 특히 안과 분야에는 도움이 필요하다고 했다.

보츠와나는 안과의사가 열 명이 안 됐다. 특히 소아안과의사가 없어서 어린이들의 선천성 안질환과 사시, 약시 분야에 도움이 절실하다고 했다. 닥터 은코마자나는 내년에 대학병원을 개원

하는데 개원식 행사로 우리를 초청할 테니 그때 안과수술을 해주면 어떻겠냐고 물었다. 기꺼이 하겠다고 했다. 보츠와나는 처음이지만, 직접 와서 이분들의 원하는 바가 무엇인지 알고 나니 협력할 수 있는 곳도 확실하게 알게 되었다.

가끔 우리가 저지르는 실수가 있다. 내가 좋아하는 것을 상대방도 좋아하리라는 착각이다. 현지 조사를 정밀하게 하지 않은 가운데 봉사나 선교를 하러 가면 거의 백전백패다. 예전에 이런 일이 있었다. 2005년도 파키스탄에서 7.6 규모의 강진이 일어나, 8만 명이 죽고 10만 명이 넘는 이재민이 발생했다. 우리 비전케어는 긴급구호품을 준비해 폐허가 된 아보타바드로 갔다. 현지의 아유브 병원에서 나흘 동안 350명을 진료하고 77명을 수술했다. 감염과 외상성질환 그리고 백내장환자들이었다. 한인회, 한인교회, 선교단체가 힘을 합해 이재민에게 매일 수천 명분의 식사를 준비하는 정성은 정말 감동적이었다. 현지인들도 우리를 보면서 고마워했다. "파키스탄 찐따바! 코리아 찐따바!" 찐따바는 '만세'라는 말이다.

그러던 어느 날, 음식을 받기 위해 사람들이 줄을 길게 서 있었는데 어디선가 총소리가 들렸다. 깜짝 놀라 몸을 숙였다. 다행히 공중에 대고 쏜 것이라 다친 사람은 없었다. 알고 보니 어떤 파키스탄 사람이 우리가 나눠 준 초코파이에 이슬람교에서 금지하는 돼지기름이 들어 있다고 항의하며 총을 쏜 것이었다. 그는 우리나라에서 근로자로 일한 사람이었는데, 우리나라에서 일할 때 악덕 사장을 만나서 고생한 경험이 있어 한국에 대한 이미지가 나쁜 데다 이슬람율법에서 금하는 간식을 주었으니 화를 낸 것이었다. 그는 나중에 우리가 그런 나쁜 사람들이 아니라는 것을 알고 굉장히 미안해했다.

이런 사소한 실수도 현지인들이 민감하게 받아들일 수 있다는 것을 깨달았다. 현지의 문화와 관습을 알려고 노력하고 존중해야 했다. 특히 선교를 돕지만, 의료 봉사가 먼저인 우리는 절대적으로 이 원칙을 지켜야 했다. 선교나 봉사는 도우러 가는 것이지 우리를 자랑하러 가는 것이 아니기 때문이다.

아프리카도 예전의 미개했던 대륙이 아니었다. 생활수준이 높아졌고, 우리에게 요구하는 눈높이도 달라졌다. 우리가 그 눈높이에 맞춰야 한다. 보츠와나만 해도 벌써 중국, 일본, 인도 기업

보츠와나 보건국 앞의 변화한 거리. 아프리카는 더 이상 예전의 미개했던 대륙이 아니다.

들이 많이 진출해서 활발하게 시장을 닦고 있었다. 거리에 중국차, 일본차가 가득했다. 스마트폰도 대부분 중국제였다. 우리나라 몇몇 기업도 들어와 있었지만 상대적으로 존재감이 적었다. 우리 비전케어의 활동으로 보츠와나에 좋은 한국인, 좋은 크리스천의 이미지를 심어 주었으면 하는 마음이 들었다.

닥터 은코마자나는 본인이 안과의사라 보츠와나 의사들의

문제점도 잘 알고 있었다. "우리나라 의사들은 환자에 대한 사랑과 열정이 없습니다." 의료비가 무료이다 보니 열심히 일을 해도 그만큼 돈을 벌지 못하는 모양이었다. 그래서 의사들이 돈을 많이 주는 나라로 이민을 가거나, 세계적으로 원조기금이 많이 들어오는 에이즈·말라리아·모자보건(母子保健) 쪽으로 전공을 하거나, 국가 공무원이 되는 길을 택한다고 했다. 안과는 인기가 없어 수도권의 큰 병원에만 한두 명 있을 뿐이라고 했다.

의사가 '미션'과 '부르심'에 대한 확신이 없으면 돈이 목표가 되고, 돈이 목표가 되면 의업의 열정은 사라지게 되어 있다. '의사로서의 열정을 잃지 말자.' 닥터 은코마자나와의 만남은 의사로서의 소명을 다시 한 번 생각하고 다짐하게 하는 기회였다. 보츠와나에서의 미팅은 짧지만 알찬 시간이었다.

바이커들의 교회

본격적인 장도에 오르는 날, 다행히 하늘은 맑고 푸르렀다. 스와질란드로 떠날 준비를 마친 후 특별한 교회에서 예배를 드렸다. 일명 '바이커들의 교회'(Bikers Church). 생긴 지 35년 된 이 독특한 교회에는 붉은 빛이 도는 벽돌로 지은 정식 예배당이 있었다. 아침 9시가 되기 전인데, 주차장에는 이미 50대가 넘는 오토바이와 자동차가 세워져 있었다. 교회 벽에는 오토바이를 타는 남자 그림과 함께 이사야 43장 18-19절 말씀을 한 줄로 요약해 적어 놓았다. "너희는 이전 일을 기억하지 말며 보라 내가 새 일을 행하리니…" 이상하게 마음이 뭉클했다. 또한 예배당 안 액자에는 창공을 자유롭게 날아가는 독수리 사진이 다음의 글귀와 함께 있었다. "나는 사람을 위하여 일하지 않는다. 나는 가장 높으

이사야 43장 18-19절 말씀이 한 줄로 요약되어 있었다.
"너희는 이전 일을 기억하지 말며 보라 내가 새 일을 행하리니."

신 하나님의 종이다. 그러므로 나는 내가 할 수 있는 최선을 다해 일할 것이다." 나를 위해 적어 놓은 것 같았다.

터프한 외모의 찬양대가 기타와 드럼을 치며 찬양을 했다. "우리 주님은 사자"라는 힘찬 찬양이었다. 새 신자 환영식도 있었다. 6주간의 교육을 마친 새 신자가 15명이나 되었다. 봉헌시간에 검은색 가죽장화를 신고 손가락마다 쇠로 만든 반지를 낀 사나이가 연보함을 들고 돌아다녔다. 연보함도 이 교회와 어울리게 붉은색 오토바이 헬멧이었다.

바이커족 가족들도 함께 예배에 참석했다. 바이커들의 교회는 부인과 자녀들이 같이 즐기는 공동체였다. 몸에는 문신을 새기고 거칠게 도로를 질주하는 모터사이클족도 하나님 안에서는 순한 양들이었다. 그들은 도로에서 만나는 다른 바이커들에게 나눠 줄 전도지와 그들이 흥미를 가질 수 있도록 재미있게 만든 포켓용 책자를 만들어 조끼에 넣어 다녔다.

책자 안에는 신약성경과 시편, 잠언과 함께 바이커들의 교회 성도들이 하나님을 믿고 인생이 어떻게 바뀌었는지를 간증하는 글들이 있었다. 피터 딕슨이란 남자는, "부모는 나를 버렸고, 사람들은 나를 오해했으나 오직 하나님은 나를 기억하셨다"라는 제목으로 감동적인 글을 썼다.

'이렇게도 전도를 하는구나!' 이거야말로 때를 얻든, 못 얻든 예수님을 전하는 것이 아닌가?

신선한 감동이었다. 이런 바이커들의 교회가 남아공에는 열두 곳이나 있다고 한다. 하나님은 진실로 인간의 외모를 보지 않으시고 그 마음을 보신다. 교인들은 우리 '눈을 떠요 아프리카' 팀을 환영하고 축복해 주었다. 예배를 마치고 나오는데 마당으로 나가는 출입문 위에 이런 글이 있었다. "당신은 지금 추수할 밭으로 들어가고 있습니다!" 특별히 "지금"이라는 단어는 붉은색에 밑줄바이커들의 교회 출입문에 적힌 글귀.
"당신은 지금 추수할 밭으로 들어가고 있습니다!"

까지 쳐 있었다.

맞다. 크리스천들이 예배당 안에만 머물면 안 되는 것이다. 예배당을 나가는 순간, 하나님께서 씨를 뿌리시고 이제 거둘 때가 된 우리의 진짜 일터가 시작되는 것이다.

하나님의 모략

'눈을 떠요, 아프리카' 프로젝트의 첫 번째 아이캠프는 스와질란드에서 시작했다. 남아공 요하네스버그에서 스와질란드의 수도인 음바바네까지 가는 길은 예상보다 멀었다. 가깝다고 해서 조금 늦게 출발했는데, 이곳은 아프리카였다. 거리에 대한 개념이 우리와 전혀 달랐다. 서너 시간이면 도착할 줄 알았는데 해가 지고 말았다.

별 수 없이 아프리카 종단 시작부터 야간주행을 하게 되었다.

남반구에 위치한 아프리카는 7월의 밤 기온이 3-4도까지 내려간다. 오토바이를 타고 찬바람을 정면에서 맞으며 달리니 체감온도는 영하의 기온이었다. 도저히 추워서 달릴 수가 없었다. 손이 시리고, 몸이 덜덜 떨렸다. 아프리카의 겨울을 만만하게 본 게 잘못이었다. 길가에 오토바이를 세웠다. 우리를 따라오는 이동팀 차량에 있던 옷들을 다 꺼내 껴입고 누군가 준비해 온 핫팩까지 온몸에 붙였다. "더운 나라에 가서 고생 좀 하겠네요." 한국에서 떠날 때 걱정해 주던 지인의 말들이 무색하게 되었다.

그 고생길 끝에 겨우 스와질란드로 들어가는 국경에 도착했다. 캠프 참가자 20명의 입국 절차는 별 문제 없었지만, 오토바이가 걸렸다. 한국에서부터 아프리카 9개국을 육로로 이동하기 위해 스위스차량협회를 통해 까르네(CARNET)라는 무관세통관서류를 준비했는데 아프리카 현지에서 외국인이 오토바이를 타고 국경을 넘어가는 일은 없었나 보다. 서류를 잘 알지 못하는 세관원은 오랫동안 여기저기 알아보다가 통과시켜 주었다. 밤늦게 숙소에 도착했다. 첫날부터 호된 통과의례를 치른 셈이었다.

나는 아프리카까지 올 생각은 없던 사람이다. 2002년부터 파키스탄을 비롯해 동남아시아의 여러 나라와 중국, 몽골 등으로 나갔지만, 아프리카는 왠지 모를 두려움이 있었다. 예전에 학회에서 어떤 미국인 안과의사를 만난 적이 있었다. 그는 10년 동안 아프리카에서 살았다면서 정말 끔찍한 사진들을 내게 보여 주었다. 오랜 경력을 가진 나도 처음 보는 안질환들이었다.

그러나 하나님의 계획은 나를 아프리카로 보내는 것이었다. 2007년도, 내가 존경하는 서울대 병원 안과 교수며 장로님이신 이진학 교수님이 남아공에 가보는 게 어떠냐고 하셨다. 남아공은 인종 갈등과 빈부 차이가 심하고 치안도 좋지 않은 곳이었다. 게다가 우리가 가야 할 곳은 위험하기로 소문난 흑인빈민촌이었고, 그곳에서 사역하는 선교사를 도와 무료 안과수술 캠프를 여는 것이었다. 일단 가기로 결정하고 준비를 마쳤다. 그러나 출발하기 일주일 전, 계획했던 남아공에서 입국 허락이 나지 않아 생각지도 못한 스와질란드로 경로를 바꾸게 되었다. 스와질란드는 세계 최빈국 중 하나이고, 성인의 40퍼센트가 에이즈 감염자라고 했다.

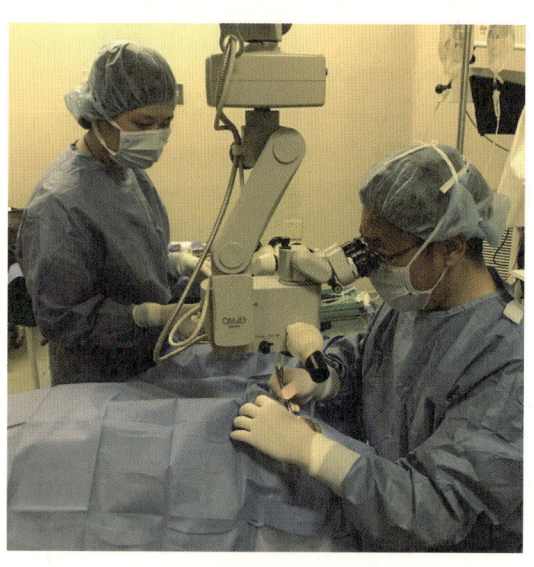

40여 명을 수술하면서 예전에 미국 의사가 내게 보여주었던 끔찍한 안질환은 보지 못했다. 아프리카는 늘 그렇듯 과장된 광고의 희생양이 되는 경우가 있다는 것을 차츰 알게 되었다.

잠깐 고민했지만 하나님이 가라 하시면 간다는 나의 평소 원칙에 순종하기로 했다. 서울에서 싱가포르를 거쳐 요하네스버그까지 18시간 비행기를 타고, 그곳에서 또 차로 6시간을 달려 한밤중에 스와질란드로 들어갔다. 캠프를 연 첫날부터 환자들이 밀려들었다. 수술기구가 도착이 안 돼 하루를 쉬면서도 874명을 진료하고, 40여 명을 수술했다. 예전에 미국 의사가 내게 보여 준

끔찍한 안질환은 보지 못했다. 아프리카는 늘 그렇듯 과장된 광고의 희생양이 되는 경우가 있다는 것을 차츰 알게 되었다.

그런데 아이캠프 도중 한국에서 온 간호사가 주사바늘에 손을 찔리는 아찔한 순간이 있었다. 급히 환자의 피검사를 해서 에이즈가 음성인 것을 알고는 가슴을 쓸어내렸다. 그 간호사는 참 용감했다. 당황했을 법한데도 침착했다. 장갑만 바꿔 끼고, 그 많은 환자의 수술을 마칠 때까지 자기 임무를 다해 주었다. 이런 봉사자들 덕분에 비전케어가 지금까지 온 것 같다.

스와질란드를 계기로 나는 아프리카 사역을 넓힐 수밖에 없었다. 인구 140만 명이 넘는 스와질란드에는 안과의사가 남아공에서 온 의사이자 선교사인 닥터 폰즈 한 명뿐이었다. 특히 선천성 소아백내장 환자들이 대책 없이 눈이 멀어 가는 것을 지켜볼 수밖에 없었다. 그 환자들을 다 고쳐 줄 수는 없겠지만, 나도 이 일에 뛰어들어야겠다는 심정이 들었다.

스와질란드는 경치가 좋았다. 아프리카의 스위스라고 할 만했다. 정치도 안정되어 있었다. 하나님의 계획이었다. 아프리카에서 비교적 환경이 좋은 곳부터 사역을 시작하게 하시는 것! 스와질란드를 한 번 간 다음부터는 아프리카에 대한 두려움이 없어졌다. 만약 빈대와 벼룩이 몸속을 파고들고, 시도 때도 없이 총소리가 들리는 곳부터 갔었더라면 아무리 주님의 명령이라도 좀 버텼을 것 같다.

색깔을 처음 본 소녀

8년 만에 다시 온 스와질란드는 거리에 차도 늘고 건물도 많아졌다. 그러나 음바바네 정부병원 안 진찰실의 깨진 유리창은 여전히 신문지와 누런 봉투로 가려져 있었고, 뻥 뚫린 복도 천정으로는 내부 구조물이 훤히 들여다보였다. 그래도 우리가 온다고 청소를 깨끗하게 해놓았다.

병원에는 장비가 많이 늘어나 있었다. 전반적인 시력을 측정하는 자동굴절검사기와 눈을 보는 현미경인 슬릿램프도 새것이었고, 후발성 백내장을 치료하는 야그 레이저도 갖춰 놓았다. 이 정도면 아주 훌륭했다. 의료 체계도 상당히 개선되어 있었다. 10-20랜드(1,000원-2,000원) 정도만 내면 150달러에 상당하는 의약품을 제공했다. 정부와 병원과 기업이 기금을 마련해 수술비를 대폭 낮추는 등 환자들을 배려하고 그들의 건강을 위해 노력하는 모습이 인상적이었다. 음바바네 정부병원에 와 있는 닥터 빈센트는 말라위 출신으로 현재 유일한 스와질란드 정부병원의 안과 의사였다.

"발라메또(눈 감으세요).", "블라메또(눈 뜨세요)." 스와질란드어 몇 마디를 현미경에 붙여 놓고 환자들에게 말을 붙였다. "불빛 보세요, 가운데 보세요, 움직이지 마세요, 감사합니다." 수술을 하는 우리도 긴장하지만, 안과진료를 평생 처음 받는 사람들은 얼마나 두렵겠는가. 나는 가는 나라마다 몇 마디 현지어를 꼭 써서 붙여 놓는다.

음바바네 병원은 원래 오후 1-2시면 마감을 한다. 하지만 아이캠프 때문에 많은 환자가 몰려와 저녁 5시까지 수술을 했다. 우린 더 늦게까지 수술할 수 있었지만, 지혜가 필요했다. 현지 의료진의 의견을 따라 5시에 수술을 마쳤다. 먼 길을 온 환자들을 그냥 돌려보내는 것이 마음 아팠지만, 현지 의료진들의 마음에 불평이 생기면 안 되기 때문이었다.

사회주의 체제인 어떤 나라에 갔을 때였다. 지금부터 10년 전 일이다. 그곳에서도 이미 눈에 약도 넣고, 산동도 하고 모든 준비를 마친 환자들이 수술을 기다리고 있었는데 담당 관리가 오더니 그들을 다 돌려보내라고 했다. 그 나라의 고위 공무원이 베푸는 저녁식사에 나오라는 지시가 있었다는 것이다. 그때 수술을 마저 해야 한다고 버티다가 큰 미움을 산 적이 있었다. 그 일로 인해 몇 년간 그 나라에는 들어갈 수 없었다. 비전케어 사역 초창기라 우리 생각이 짧고 경험도 부족해서 일어난 일이었다. 아무리 선한 일도 무리하면 안 된다.

이번에 연 217번째 스와질란드 아이캠프에는 한국, 미국, 우간다, 탄자니아 그리고 남아공 등에서 다양한 직업을 가진 봉사자들과 의료진이 함께했다. 수술은 나와 안과의사인 배지홍 탄자니아 선교사, 문산제일안과의 박채린 의사가 맡았다.

첫날에는 현지 의료진과의 사이가 어색하고 낯설었다. 시간이 지나니 현지 간호사들이 먼저 말도 걸고 친절하게 스와질란드 말을 가르쳐 주었다. 현지 신문 세 군데에서 비전케어의 사역을 크게 보도했다. 한 신문에는 "비전케어는 좀 더 밝아진 스와질란드를 원한다"라는 제목과 함께 한국에서 온 안과전문의들이 스와질란드 환자 185명을 진료했으며, 앞으로 시골에 사는 더 많은 환자에게 혜택을 주고 싶어 한다는 내용이 실렸다. 비전케어가 백내장 수술로 사람들의 눈을 밝게 해준다는 것에서 나온 재치 있는 제목이었다.

매번 캠프에서 많은 사람을 만난다. 그럼에도 특별히 기억나는 환자들이 있다. 이번에도 수술을 받은 환자 가운데 눈에 띄는 소녀가 있었다. 이름은 카무테쿠 디바인, 차트에는 14세라고 적혀 있었는데 체구가 아주 작았다. 발달장애가 있는 디바인은 양쪽 눈 모두 백내장을 앓고 있었다. 언니의 손을 잡고 온 디바인은 잘 참고 수술을 받았다. 작은 키에 깡마른 몸, 자기 얼굴만한 쉴드를 붙인 모습이 안쓰러워 몇 마디 말을 걸자 담요로 얼굴을 가리고 이내 등을 돌려 버렸다. 낯가림이 심했다.

마지막 날, 디바인은 첫날보다 훨씬 밝은 얼굴로 다시 찾아왔다. 이번엔 아빠와 함께였다. 다른 쪽 눈도 수술해 주었다. "이제 정말 잘 보여요." 디바인은 수줍은 듯 말했다. 태어나서 처음으로 색깔을 봤다고 했다. 아프리카에는 이런 아이들이 너무도 많다. 사람들과 눈도 마주치기 싫어할 만큼 내성적이던 디바인이 비전케어 봉사자들에게 활짝 웃으며 인사를 해주었다.

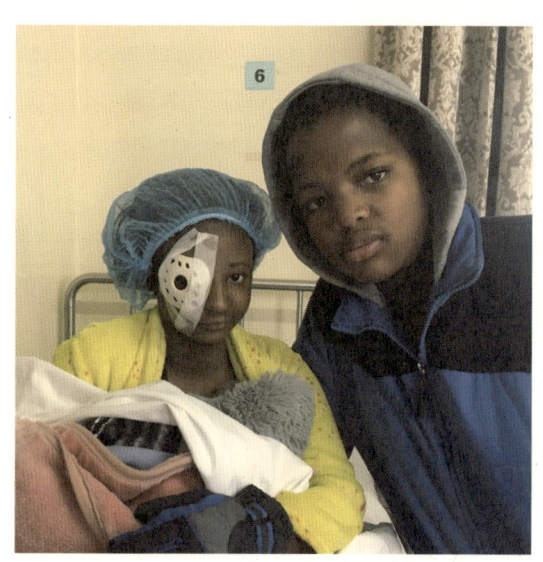

태어나서 처음으로 색깔을 보게 된 디바인. 내성적이었던 디바인이 비전케어 봉사자들에게 밝은 웃음을 지어 보였다.

우리를 기다린 왕자님

오랫동안 우리를 기다려 준 환자도 있다. 8년 전, 나에게 수술을 받은 스와질란드 국왕의 큰형이자 음바바네 주지사인 왕자님이다. 그는 86세로 백발에 수수한 차림이었는데, 마치 동네에서 만날 수 있는 쌀집 아저씨처럼 푸근했다. 2007년에 우리와 처음 만났을 때는 옷차림이 아주 인상적이었다. 아프리카 추장처럼 윗옷 대신 표범가죽을 두르고 목걸이를 걸고 왔다. 아무나 입을 수 없는, 왕가의 권위를 나타내는 복식이었다. 이번에는 연분홍 꽃무늬가 있는 갈색 셔츠를 입고 왔다.

수술 후 왕자님과 함께. 왕자조차 백내장 수술을
받을 수 없는 게 스와질란드의 현실이었다.

과거에 수술을 받았던 오른쪽 눈은 후발성 백내장이 진행 중이었고, 왼쪽 눈도 백내장이 왔다. 스와질란드에도 안과의사가 있지만, 꼭 나를 다시 만나고 싶었고, 수술도 받고 싶다고 했다. 수술 후에 "가족의 얼굴을 더 잘 볼 수 있게 되어 기쁘다"며 감사를 전했다. 디바인과 왕자님은 가난한 사람들이 아니었다. 그럼에도 수술을 할 안과의사가 없어 백내장을 고칠 수 없다는 것이 스와질란드의 현실이었다.

우리가 수술을 할 때는 우선순위가 있다. 두 눈이 모두 안 보이는 사람을 먼저 수술하되 한 눈부터 해준다. 노인보다는 아이들과 청년들에게 우선권을 준다. 왜냐하면 아이나 청년들은 앞으로 살아가야 할 날이 많고, 한창 공부를 하고, 일을 해야 하는 나이이기 때문이다. 그러나 노인이면서도 두 눈을 다 수술받은 행운의 할아버지가 있었다.

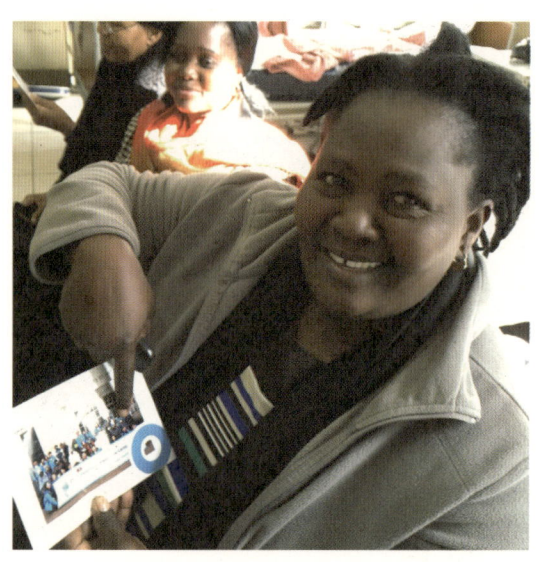

캠프 첫날부터 우리들을 많이 도와주었던 할아버지의 착한 딸.
이 사람의 선한 일을 하나님께서 보셨다.

두 눈 모두 백내장에 걸려 앞을 볼 수 없던 할아버지는 딸의 부축을 받고 왔다. 수술 전날부터 입원을 하고 기다렸는데 첫날 환자가 너무 많아 순서가 다음 날로 미뤄지는 바람에 또 입원을 했다. 그다음 날, 한쪽 눈을 수술받았는데 집이 멀어 다시 입원을 해야 했다. 할아버지의 딸은 첫날부터 아이캠프 기간 내내 아버지와 함께 병원에서 지내면서 우리를 많이 도와주었다.

음바바네 병원의 환자 침대는 상당히 높았다. 또한 대부분의 환자가 크고 뚱뚱한 편이어서 자원봉사자들이 눈이 안 보이는 환자들을 높은 침대에 눕히려면 여간 힘든 일이 아니었다. 이를 안 할아버지의 딸은 우리를 도와 환자들을 침대에 눕혀주었다. 그뿐 아니라 '수술 후에 고개를 숙이지 말라, 안약을 넣어라, 약을 꼭 먹어라, 세수를 할 때는 눈에 물이 들어가지 않게 하라, 눈을 비비지 마라' 하는 주의사항들을 현지어로 통역도 하고, 환자 배식까지 해주었다. 이 사람의 선한 일을 하나님께서 보셨을까? 마지막 날 여러 사정으로 수술 자리 하나가 비었다. 우리는 만장일치로 그 딸의 아버지에게 한쪽 눈을 더 수술해주는 선물을 드리기로 했다. 할아버지는 딸의 부축을 받지 않고 혼자 걸어서 퇴원하셨다.

두 눈이 모두 보이지 않아 다른 사람의 부축을 받고 수술실로 들어온 사람들이 혼자 걸어가는 뒷모습을 보는 것은 의사로서 너무나도 기쁜 일이다. 우리는 그분들에게 빛을 선물하고, 그분들은 우리에게 기쁨을 선물로 남긴다.

닥터 폰즈

스와질란드 아이캠프에서 7월 11부터 14일까지의 사역을 마치고, 음바바네 정부병원장과 인사를 나눴다. 앞으로 장기적인 아이캠프를 위한 협조를 약속받았다.

의료 팀은 다음 캠프를 위해 남아공으로 돌아갔다. 장비가 많아 우선 스와질란드에서 쓸 것만 챙겨 왔기 때문에 남아공에서 나머지 의약품과 소모품을 싣고 짐바브웨로 가야 했다. 나와 이동 팀은 닥터 폰즈를 만나기 위해 음바바네에서 두 시간 떨어진 시테키 지역으로 갔다. 닥터 폰즈는 내가 처음 스와질란드에 왔을 때 만난 이 나라의 유일한 안과의사였다. 시테키는 스와질란드 동쪽에 자리 잡은 곳으로 모잠비크 국경과도 가까웠다. 가는 길은 고도가 높아 스와질란드의 전경을 한눈에 내려다볼 수 있었다.

닥터 폰즈가 운영하는 선한목자병원(Good Shepherd Hospital)은 스와질란드에서 가장 오래된 병원일 뿐 아니라 안과 시설도 잘 갖춰 있었다. 우리가 찾아간 날도 수많은 안과질환 환자가 진료를 받기 위해 줄을 서 있었다. 스와질란드 환자보다 모잠비크에서 오는 환자가 더 많았다. 닥터 폰즈는 남아공 출신이지만 스와질란드에서 10년 넘게 병원을 운영하고 있으며, 자주 모잠비크 지역으로 가서 환자를 진료하는 남부 아프리카 지역에서는 매우 중요하고 핵심적인 의사이며 선교사다.

그와 함께 저녁 식사를 했다. 나는 비전케어의 활동과 '눈을 떠요, 아프리카' 프로젝트를 소개하면서 앞으로 어떤 방향으로 협력할 수 있을지 방안을 논의했다. 그는 선교와 의료봉사에는 3H가 중요하다고 강조했다. "지식(Head)과 사랑하는 마음(Heart) 그리고 행동(Hand)입니다." 딱 맞는 말이었다. 비전케어도 '자원봉사, 전문성, 현장중심 그리고 협력' 이 네 가지 원칙이 있다.

비전케어의 아이캠프는 자원봉사자들로 구성된다. 의사, 간호사, 검안사 선생님들은 물론이고 일반 자원봉사자들 모두 휴가를 쓰고 개인 경비를 내고 온다. 가끔 유럽 여행을 다녀 올 수 있는 비용을 들여 아프리카의 험한 수술 현장에 오는 젊은 청년들도 본다. 어떤 사람들은 그들을 '바보'라고 부를지 모른다. 하지만 십중팔구는 다음에 또 신청할 만큼 감동과 보람을 느낀다.

나는 자원봉사가 선한 사마리아인의 원칙이라고 생각한다. 강도를 만나 거의 죽게 된 사람을 자기 기름과 포도주를 상처에 부어 치료해 주고, 자기 나귀에 태우고, 주막으로 가서 돌봐 주고,

주막 주인에게 그 환자를 맡기며 비용이 더 들면 자신이 갚아 주리라 약속하는 사마리아인처럼 의료봉사도 이렇게 해야 한다는 원칙을 세우고 지켜 오고 있다.

우리 수술 팀은 백내장 수술에 특화된 전문성을 가지고 있다. 다른 의료봉사도 보람이 있겠지만, 안과수술은 그 효과가 즉각 나타난다. 지팡이를 짚거나 보호자의 손에 이끌려 온 실명환자들이 수술 다음 날이면 앞을 환하게 본다. 가족도 알아보고, 의료진도 알아보며 환호한다.

선한목자병원 앞에서 닥터 폰즈(오른쪽)와 함께.

현장성도 중요하다. 오랜 경험을 바탕으로 비전케어 팀은 봉사하러 가는 나라의 정부와 병원, 의료진의 의견을 존중한다. 그들에게 가장 필요한 것이 무엇인지 물어봐서 그들이 원하는 서비스를 그들이 원하는 장소에 가서 한다. 또한 현지 의료진에게 수술법을 가르치기도 하고, 부족한 안과의사를 대신해 안과간호사를 교육시켜 주기도 한다. 어릴 때부터 눈을 관리할 수 있도록 학교에 가서 시력검사를 해주거나 안경을 만들어 주기도 한다. 마지막으로 우리의 목표는 저개발국가의 환자들의 눈을 고치는 데 있기 때문에 그 국가의 안과 의료 정책에도 영향을 미칠 수 있게 정부 관료들과 협조하고 있다. 현지인들과 천천히, 그리고 같이 가는 것이 대원칙이다.

또한 협업을 중시한다. 비전케어는 현지 국가의 의료진, 보건국, 한국 교민들, 종파를 떠난 교회와 선교사들 그리고 대사관이나 회사, 코이카 관계자들과 기꺼이 협력한다. 우리가 그분들의 도움을 받기도 하고, 우리 사역이 그분들에게 도움을 드리기도 한다. 상생하고 협력할 때 시너지 효과가 발휘된다.

아이캠프가 끝나면 우리는 고향을 떠나 현지에서 수고하는 분들을 초청해 저녁을 대접한다. 스와질란드에서도 많은 교민과 선교사들을 만났다. 1980년대부터 이곳에서 의사로 일하는 민병섭 박사님도 다시 만났다. 민 박사님은 아프리카가 좋아 그곳에서 살고 계신다.

낯익은 교민 한 분도 오셨다. 8년 전 우리가 처음 이곳에서 캠프를 열었을 때, 스와질란드 TV 뉴스에 나온 적이 있다. 그것을 보고 우리를 찾아온 분이었다. 오랫동안 그곳에 살았지만 한국 사람이 뉴스에 나오는 것은 처음 봤다며 우리에게 저녁식사를 사주신 분이었다. 한 끼 식사를 대접하는 게 대단한 일은 아니지만, 서로 위로하고 격려하는 게 좋지 않은가? 나는 하나님께서 여럿이 함께 선한 일을 하는 것을 좋아하신다고 믿는다.

의대생들이 의료선교에서 중요한 것이 무엇인지 질문해 올 때, 내가 해주는 대답이 있다. 첫째는 의사로서 전공 공부를 잘 할 것(Academy), 둘째는 임상적인 경험을 많이 쌓아 둘 것(Clinical experience), 셋째는 비즈니스 마인드를 가질 것(Business mind),

넷째는 협력할 네트워크를 만들 것(Network). 봉사하려는 마음만으로는 좋은 의료 선교사가 될 수 없다. 전문분야에 실력이 있어야 하고, 돈을 깨끗하고 효율적으로 쓸 줄 알아야 하며, 다른 사람들과 협업을 잘 해야 한다. 이 협업의 중요성 때문이라도 현지의 교민과 식사 자리를 갖는 것이다. 이처럼 의료 선교사는 의학적인 것을 넘어 장기적인 미션을 바라보는 적절한 균형이 필요하다.

닥터 폰즈는 모잠비크에 관심이 많았다. 의료적으로나 선교적으로 볼 때 남부 아프리카에서는 모잠비크가 가장 큰 도움이 필요하다고 했다. 그는 말로만 하는 것이 아니라 이미 사역을 준비하고 있었다. 병원에서 현지 안과의사들을 교육하고 훈련시키고 있었다. 그러나 할 일이 너무 많기 때문에 혼자서는 어렵고 같이 협력하기를 원했다. 모잠비크는 최근까지 내전이 있던 나라라 정치가 불안했다. 국토는 인도양을 끼고 남북으로 길게 형성되어 있는데, 수도가 최남단인 마푸토에 있어 지역 발전의 불균형도 심각했다. 게다가 공용어는 포르투갈어를 쓰고 있지만, 여러 종족이 있어 다양한 언어를 함께 쓰고 있었다. 영어가 안 통하기 때문에 우리가 가서 사역하기에 소통에 어려움이 있을 것 같았다. 그는 비전케어 활동을 응원해 주며 다음 날 있을 모잠비크 보건부 미팅을 위한 조언도 아끼지 않았다.

"쉬운 것부터, 해결할 수 있는 것부터, 천천히 하세요"라고 조언해 주었다. 십리 길도 한 걸음부터라는 말에 나도 동의했다. 어떤 선한 목적이 있다고 해도 그것을 받아들이는 상대방의 사정과 마음의 속도에 맞춰 가야 한다. 급한 마음으로 일을 진행하다가 그 나라에서 불쾌하게 생각하거나, 모욕을 당했다고 받아들인다면 더 큰 문제를 일으킨다. 주는 것이 복이 있다. 하지만 잘 주어야 한다. 닥터 폰즈는 자신이 알고 있는 모잠비크의 닥터 마리야모를 추천해 주었다.

너 때문에 내가 여기 왔구나

다음 날, 모잠비크의 수도 마푸토에 도착했다. 모잠비크에는 2008년과 2009년에 이미 온 적이 있었다. 그때는 마푸토와 샤이샤이에서 1,000여 명을 진료하고, 130여 명을 수술했다. 그때 샤이샤이에서 만난 17세 소녀가 있었다. 한창 꿈 많고 예쁠 나이인 그 소녀는 외상에 의한 감염으로 양쪽 각막이 뚫려 안의 내용물이 다 쏟아져 나온 상태였다. 그 지경까지 이르도록 병원에 가지 못한 현실을 생각하니 가슴이 답답했다.

수술을 받게 되었다고 하니, 소녀가 하얀 이를 활짝 드러내며 웃었다. 희망에 찬 미소를 바라보니 '주님이 너 때문에 나를 이 먼 모잠비크까지 보내셨구나'라는 생각이 들었다. 소녀는 무사히 수술을 받고 시력을 되찾았다.

아이캠프 마지막 날, 모든 수술 장비를 거두고 마푸토로 떠날 준비를 하는데 한 청년이 차트를 들고 왔다. 그러나 너무 늦었다. 수술을 받지 못하고 힘없이 돌아가는 청년의 뒷모습이 우리 모두의 마음에 빚처럼 남게 되었다.

이런 청년들을 위해 다음에도 또 가고 싶었으나 당시 모잠비크 보건국 담당 의사는, 나름 이유가 있었겠지만, 외국인 의사들이 들어와 수술하는 것을 아주 싫어했다. 그밖에 여러 사정이 생겨 그 후로는 모잠비크 사역을 진행할 수 없었다. 현재는 새로운 사람이 책임을 맡고 있는데, 자기 나라 환자들을 위해서라면 외국인 의사들에게도 기회를 주는 마음이 열려 있는 분이라고 닥터 폰즈가 말해 주었다.

모잠비크는 예전에 비해 거리에 사람들도 많고 내전으로 인해 폐허 같던 건물들도 번듯한 빌딩들로 바뀌어 있었다. 텅 비어 있던 도로는 교통체증을 일으킬 만큼 차량이 많아졌다. 해변을 따라 새로 지은 호텔들은 번쩍번쩍 빛이 났다. 이곳도 중국자본이 밀려오고 있었다.

도착하자마자 마푸토 중앙병원에서 보건부와 미팅을 가졌다. 이곳에서 선교하고 있는 이상범 선교사가 우리와 동행해 주었다. 닥터 폰즈가 소개해 준 닥터 마리야모를 만났다. 자그마한 체격의 그녀는 모잠비크 보건국의 총책임자였다. 닥터 마리야모는 우리에게 이렇게 부탁을 했다.

"우리가 바라는 것은, 우리나라 안과의사들이 백내장 수술을 할 수 있도록 교육을 시켜 달라는 것입니다. 모잠비크에는 25명의 안과의사가 있지만 8명을 제외하고는 모두 외국인입니다. 8명의 모잠비크 의사들과 현재 레지던트로 있는 13명의 의사들에게도 백내장 수술기법을 가르쳐 주세요."

모잠비크 보건부가 우리에게 직접 요청할 정도로 이곳 안과의사의 숫자는 매우 부족했다. 인구가 2,400만 명인데 연간 수술을 받을 수 있는 환자는 6,000명 정도였다. 모잠비크에는 외국인 의사가 많았다. 예전에는 쿠바에서 온 의사가 많았는데, 지금은 북한 의사가 많다고 한다. 북한에서 온 의사는 모잠비크 전역에 300명 정도가 있고, 그 가운데 닥터 홍이라는 안과의사도 한 명 있다고 한다. 북한과는 우리보다 먼저 1975년부터 외교관계가 있었다고 한다. 모택동거리와 김일성거리도 있을 정도다. 우리와는 1993년에서야 정식 외교관계가 수립되었다. 정치체제도 달랐고, 내전이 일어나기도 해서 현재 모잠비크에 들어와 있는 한국인 선교사 수는 적다고 했다. 저녁에는 코이카 관계자와 대사관의 참사관을 만났다. 그분들도 비전케어의 봉사 활동을 기대하고 있었다.

현지에 직접 가서 원하는 바를 알고 나니 도울 수 있는 방법도 명확해졌다. 우리가 모잠비크에서 할 일은 우선 현지 의료

닥터 마리야모와 미팅 후에. 그녀는 안과의사들을 교육시켜 달라고 부탁했다(왼쪽부터 이상범 모잠비크 선교사, 아내, 나, 닥터 마리야모, 보건국 담당직원, 권구현 목사님).

진의 교육이었고, 이후에 아이캠프를 여는 장기적인 계획을 세우는 것이었다. 우리가 에티오피아와 우간다에서 몇 년간 진행하고 있는 의사, 간호사, 검안사들의 훈련 프로그램을 모잠비크에서 할 수 있을 것 같았다.

처음 이 봉사 활동을 시작했을 때는 오직 환자만 보였다. 그러나 시간이 갈수록 우리가 방문해서 환자를 수술해 주는 것만으로는 부족하다는 것을 알았다. 우리 힘만으로는 수없이 많은 환자를 다 치료해 줄 수 없었다. 우리가 없어도 안과 진료나 수술을 할 수 있도록 현지 의료진을 훈련시켜 그들이 이 일을 감당할 수 있게 교육시키는 것이 중요했다. 좀 더 나아가 말라리아와 에이즈 일변도의 아프리카 의료 정책에 안과도 포함할 수 있도록 정부 보건국관계자들과 협력하는 것이 필요했다. 그래서 사역의 비중을 환자 치료하는 것에 70퍼센트, 현지 의료진 교육에 20퍼센트, 보건국 관계자들과의 정책 개발에 10퍼센트로 나누었다.

보건국에서 미팅을 마치고 돌아오는 길에 앞으로 우리가 사역해야 할 마톨라 병원에 들렀다. 새로 지은 건물이라 깨끗하고 시설이나 환경 모두 좋았다. 준비를 잘해서 2017년부터 이곳 환자들에게 희망을 주는 좋은 사역을 펼칠 수 있기를 기도했다.

아프리카에 무슨 일이 일어나고 있는 것일까

마푸토 중앙병원에서 오토바이를 타고 달리는데 검은 차가 계속 우리를 따라왔다. 마푸토 시청 앞에서 사진을 찍으려고 오토바이를 멈췄는데, 그 차가 우리 앞에 섰다. 검은 티셔츠에 청바지, 머리는 새둥지같이 멋을 낸 젊은 청년이 차에서 내리더니 우리에게 다가왔다. 그 청년은 모잠비크의 중앙지 신문기자인데 우리를 취재하고 싶다고 했다. 아마 오토바이를 타고 다니는 외국인들이 별로 없어서 관심을 가지고 우리를 따라온 모양이었다. 우리는 모잠비크와 아프리카의 안과의 어려운 상황을 알리고 수술을 해주는 '눈을 떠요, 아프리카' 프로젝트를 진지하게 소개했다. 그러나 그의 관심은 오토바이에만 꽂혀 있는 눈치였다. 혹시나 신문에 오토바이 얘기만 실리는 게 아닌지 걱정이 되었다.

다음 행선지인 짐바브웨로 가기 위해서는 남아공 땅을 다시 통과해야 했다. 남아공 국경을 향해 달리는데 모잠비크 시골의 가난한 풍경이 눈에 들어왔다. 도시는 눈부시게 발전하는데, 시골은 여전히 황폐했다. 예전엔 다 같이 가난했다면, 지금은 빈부의 격차가 뚜렷해지고 있었다. 넓고 비옥한 농경지가 펼쳐져 있었지만, 웬일인지 농사를 짓지 않고 내버려 두고 있었다.

남아공에 들어서자마자 풍경은 확 달라졌다. 짙푸른 나무숲이 우거져 있고, 밭에는 온갖 농산물이 질서정연하게 심어져 있었다. 도로도 건물도 지나는 사람들도 모잠비크와는 달리 윤택해 보였다. 길을 잘못 알고 들어간 마을은 거의 미국의 부유한 마을 같았다. 똑같은 땅인데 정치체제와 지도자에 따라 얼마나 큰 차이를 가져오는지 볼 수 있었다.

그런데 한 가지 공통적인 것이 있었다. 모스크 사원이 눈에 띄게 늘고 있다는 것이었다. 모스크는 거의 새로 지은 것들이고 규모도 거대했다. 모스크 옆에는 이슬람대학과 초중고 학교들이 세워져 있었다. 어린 학생들부터 종교교육을 시키려는 것 같았다. 도시뿐 아니라 한적한 시골에도 모스크가 들어서 있었다. 모잠비크·남아공·스와질란드·보츠와나는 모두 공식적으로 기독교 신자가 50퍼센트가 넘는 나라들이다. 수많은 선교사가 헌신한 곳이기도 하다. 이런 아프리카에 도대체 무슨 일이 일어나고 있는 것일까. 무엇을, 어떻게 해야 하는 것일까. 마음이 착잡했다.

이슬람 모스크와 학교의 모습.
아프리카에는 모스크 사원이 눈에 띄게 늘고 있었다.

우리는 주님의 불꽃

마푸토 해변에서 짐바브웨 구투를 향해 457킬로미터 정도를 달려갔다. 밤이 깊어 가고, 너무 피곤했다. 중간에 다리가 무너져 다른 길로 돌아가느라 지체된 것도 있었다. 원래 트자닌이란 곳에서 숙박하기로 계획했지만, 도저히 그곳까지 갈 수가 없었다. 늦은 밤, 왕복 1차로에 제한속도 120킬로미터, 가로등도 중앙분리대도 없는 길을 달리는 것은 너무 위험했다. 난생 처음 이런 장거리를 달렸다. 앞으로는 이렇게 달릴 수도 없고, 달려서도 안 될 것 같았다.

남아공에서 짐바브웨로 넘어가는 국경 근처 팔라보와라는 동네에서 하루를 묵어 가기로 했다. 이동 팀 기사인 안드레의 친척들이 사는 곳이라고 했다. 숙소를 정하고 정신없이 곯아떨어졌다. 다음 날 아침, 눈을 떴다. 주일이었다. '어디서 예배를 드려야 하나.' 이곳은 아프리칸스어와 영어가 공용어인데 우리는 영어로 예배를 드리는 곳으로 가야 했다. 우선, 큐티 책을 펼쳤다. 오늘자 면에는 존 녹스의 기도가 있었다.

오, 하늘 아버지시여.
저희에게 구할 것이 참 많습니다.
그래서 겸손히 기도합니다.

아버지의 성령을 충만히 주시어
저희의 기도를 가르치소서.
그리하여
간절한 저희의 청원이
아버지의 거룩한 뜻에 일치되게 하소서.

아멘! 하나님께서 나의 기도를 알고 계심을 확신했다. 일단 짐을 꾸려 길을 가다가 들어간 교회가 태버나클 교회였다. 다행히 영어로 예배를 드리는 곳이었다. 하나님은 이 교회에서 우리에게 만나와 생수를 풍성하게 공급해 주셨다. 아담한 교회에 성도들이 열정적으로 찬송을 불렀다. 몇 명 되지 않는 찬양 팀이었지만 연주와 노래 실력이 뛰어났다. 배가 나온 중년 남자 성도 둘이 기타를, 검은 피부의 청년이 드럼을, 머리가 백발인 할머니가 키보드를 맡고 있었다.

"나는 주님의 불꽃"이란 찬양은 처음 들었는데 흥겹고 신이 났다. 성도들이 찬양에 맞춰 신나게 춤을 추며 호응했다. 백인 성도가 흑인 성도에게 다가가 껴안고 같이 감격해서 울기도 했다.

이날따라 이 교회 담임목사님은 몸이 아파서 못 나오셨다. 설교는 비디오로 대신했다. 그럼에도 불구하고, 설교 중에 은혜를 받으면 성도들은 "아멘" 하면서 박수 치고, 손을 흔들면서 마치 앞에 목사님이 있는 것처럼 응답을 했다. 기도와 찬양, 말씀으로 하나님께 온전히 예배하는 모습에 나는 감동을 받았다. 불같이 뜨거운 예배였다. 역시 아프리카였다. 그 열기가 우리에게도 옮겨 붙는 것 같았다.

예배를 마치고 우리 소개가 있었다. 동행한 권 목사님이 영어로 짧게 설교하셨다. "기적을 믿으십니까? 우리가 지금 여기에 온 것이 기적입니다." 피부색이 희거나, 검거나, 노랗거나 구분이 없었다. 잘 차려입었든 아니든 뜨거운 성령 안에서 함께 찬양하고, 기도하고, 예배를 드리며 하나가 되는 것. 이것이 기적이었다.

목사님은 아프리카인들의 무궁무진한 가능성에 대해 칭찬했다. 그리고 세계를 다니며 백내장 수술을 하는, 주님 안에 '크레이지'한 사람이라며 나를 소개했다. 나는 아프리카의 많은 백내장 환자가 눈을 밝히 뜰 수 있도록 기도해 달라고 부탁했다. 교인들은 아멘을 외쳐 주고, 기도해 주겠다고 약속했다.

주님 안에서 춤추고 노래하고 열광적으로 예배하던 교인들은 예배가 끝난 후 잠시 교제의 시간을 갖더니 교회 문을 잠그고 모두 집으로 돌아갔다. 더 이상 드릴 에너지가 남아 있지 않을 만큼 격렬하게 드리는 예배가 신선했다. 초행길인 짐바브웨를 향해 떠나는 길목에서 하나님은 이날 예배를 통해 내가 갖고 있던 계획과 소망을 주님 손 아래 내려놓게 하셨다. 혹시 내 마음

태버나클 교회에서 설교 중인 권구현 목사님.

깊은 곳에 남아 있을 수도 있는 야망마저도 성령의 불꽃으로 태워 버리셨다. 나는 빈 마음으로 새털처럼 가볍게 오토바이에 올랐다.

아프리카는 그렇게 보는 게 아니다

팔라보와라는 동네는 남아공에서 야생동물 사파리로 유명한 크루거 국립공원 초입에 있는 마을이었다. 태버나클 교회에서 예배를 마치고, 짐바브웨로 들어가는 세관이 있는 베이트 브리지로 향하는 길에, 크루거 국립공원에 잠깐 들르기로 했다.

크루거 국립공원은 1898년에 개장한 아프리카 최초의 국립공원이자 세계에서 가장 큰 사파리다. 특히 남아공의 화폐에 그려 있는 빅 파이브(Big Five)라고 불리는 동물들인 표범, 물소, 사자, 코끼리, 검은코뿔소를 볼 수 있다. 우리는 한 시간 정도면 얼룩말이나, 운이 좋으면 사자라도 볼 수 있지 않을까 생각했다.

사실 그동안 아프리카의 대평원을 보름 가까이 달렸지만, 길가에 있는 소나 염소 정도만 봤을 뿐 TV 다큐멘터리에서 보던 동물들은 한 마리도 보지 못했다. 공원 안에 들어가 자동차로 한 시간을 달렸지만 보이는 건 그저 나무와 초원뿐이었다. 그 정도 달렸으면 사자는 그만두고라도 코끼리나 기린이라도 나와 주어야 하는 것 아닌가. 단위 면적당 가장 많은 야생동물이 사는 곳이라는데 이 정도인가. 가도 가도 똑같은 초원뿐이었다. 실망하면서 차를 돌려 나오다가 문득 깨달았다. '아프리카는 이렇게 보는 게 아니었구나.' 우리나라 동물원을 생각하고 아프리카를 대하다니!

이곳은 적어도 2박 3일은 머물면서 봐야 하는 거대한 공원이었다. 경상남도와 경상북도를 합쳐 놓은 면적이었다. 그런 광활한 곳을 한 시간 계획을 세우고 들어간 우리가 얼마나 아프리카에 대한 지식이 없었는지 반성했다. 아프리카는 우리처럼 한 평, 두 평으로 땅을 나누는 곳이 아니다. 에이커도 아니고 헥타르 단위다. 1헥타르는 1만 제곱미터, 평으로 환산하면 3,025평이다. 작은 나라에서 할 수 있는 생각을 큰 나라에 적용한다는 것이 어리석었다. 하물며 관광뿐이겠는가? 선교나 무역이나 봉사나 모두 우리 식의 잣대를 가지고 판단하고 계획을 세우는 것은 아닌지 하는 생각이 꼬리에 꼬리를 물었다.

문득 하나님은 가장 크고 좋은 것을 주시려고 기다리고 있는데, 나는 너무도 조그마한 기도를, 그것도 한 시간쯤 하고 나서 아무것도 안 보인다고, 응답이 없다고, 하나님이 안 계신 것 같다고 불평하는 것은 아닌가 하는 생각이 들었다.

'하나님 35평 아파트를 주세요.'

'난 너를 위해 어마어마하게 넓은 천국의 집을 예비하고 있단다.'

'하나님, 승진하게 해주세요.'

'넌 이미 하나님의 아들이고 왕 같은 제사장이란다.'

'하나님 월급을 올려 주세요.'

'네가 올 천국에는 보화가 많단다. 보도블록은 황금으로 깔아 놓았지. 얘야, 내가 가진 것은 다 너의 것이고, 너는 이미 모든 것을 다 가지고 있단다. 그러니 세상에서 살 때 아낌없이 나눠 주고 오너라.'

크루거 국립공원을 돌아 나오는데 얼룩말과 임팔라가 처음으로 보였다.

3.
———
보이지
않는
길

창조주 하나님은 이 어둠의 세력들로부터 항상 우리를 구하지는 않을 것이다.
그러나 그분은 어둠의 세력들 안에서 우리를 구원하시고,
어둠 안에서 우리와 함께하시고,
우리에게 약속을 주실 것이다.
—톰 라이트

아마 경찰이 또 기다릴 거요

아프리카에 여러 번 왔지만, 짐바브웨는 처음이었다. 현재 짐바브웨는 국가 전체가 불안정하다. 일주일 전에는 국경 근처에서 차량에 불을 지르는 과격한 시위까지 있었다는 소식을 들었다. 세관이 있는 베이트 브리지에 도착했다. 남아공에서 스와질란드, 스와질란드에서 모잠비크, 모잠비크에서 다시 남아공, 이제 네 번째로

짐바브웨 국경. 4시간 만에 국경을 통과했다.

남아공에서 짐바브웨 국경을 통과한다. 이곳은 아프리카를 여행하는 사람들 사이에서 될 수 있는 한 베이트 브리지는 피하라는 정보가 인터넷에 나올 정도로 지옥의 세관이었다. 우리보다 하루 먼저 짐바브웨로 들어간 의료 팀은 세관을 통과하는 데 12시간이 걸렸다고 했다. 우리 이동 팀도 마음을 단단히 먹었다. 출입국 직원을 거쳐, 약품과 장비에 유난히 까다로운 세관을 통과하고,

경찰과 날카롭게 훑어보던 정보요원의 패스까지 마치고 나니 4시간이 걸렸다. 그만하면 양호한 국경 통과였다. 다행이었다.

국경을 통과하고 짐바브웨 출입국사무소에서 나눠 준 문서를 읽어 봤다. "강도를 당하는 것이 남이 아닌 당신의 일일 수 있다"는 큼직한 제목과 함께 강도에 대한 경고로 가득 차 있었다. 고속도로에서 아무나 태우지 마라, 차 문을 잠근 채 운전하라, 철로 건널목에서는 기차가 오는지 잘 살펴보고 차가 서 있는 동안 강도를 조심하라, 외진 곳에 차나 오토바이를 세워 놓지 마라 등등 짐바브웨의 치안 상태를 알려 주고 있었다.

짐바브웨에는 세계적인 관광지가 많다. 더 말할 것도 없이 유명한 빅토리아 폭포가 있고, 이집트 피라미드 다음으로 거대한 고대 석조 건축물인 '그레이트 짐바브웨'도 있다. 11세기부터 15세기까지 이 지역의 강대한 왕국이었던 쇼나 왕국이 남긴 왕궁과 도시의 흔적이다. 짐바브웨는 '큰 돌의 집'이라는 뜻인데 이곳에서 그 이름이 유래되었다고 한다. 세계문화유산으로도 지정되어 있다.

이런 훌륭한 관광지를 안내해 주는 대신 강도에 대한 경고문을 나눠 주는 나라. 이런 나라에서 사는 짐바브웨 국민들은 얼마나 힘이 들까? 처음 오는 짐바브웨에 대한 첫인상이었다. 구투까지 가려면 아직 갈 길이 멀었는데 국경에서부터 강도에 대한 경고문을 읽고 나니 마음을 단단히 먹어야 할 것 같았다. 하지만 두렵지는 않았다. 하나님께서 인도하시는 길이라면 누구도 우리를 막을 수는 없을 것이다.

우리가 가야 할 구투 미션 병원이 있는 마싱고 지역으로 출발했다. 더 어두워지기 전에 숙소에 도착해야 했다. 국경을 지나 몇 분도 채 달리지 않았는데 어디선가 정복을 입은 교통경찰들이 불쑥 나타나더니 우리를 붙잡았다. 100킬로미터로 과속을 했다며 스피드건으로 측정한 것을 보여 주었다. 어이가 없었다. 우리는 60킬로미터로 달리고 있었다. 짐바브웨에 들어오기 전에 미리 정보를 들었기 때문이다. "국경 넘자마자 경찰이 잡을 거예요. 그러니 절대로 과속하지 마세요." 경찰은 무작정 20달러를 내라고 했다. 그것도 미국 달러로. 아무리 설명을 해도 못 들은 척 스티커를 든 채 꿈쩍도 하지 않았다. 할 수 없이 벌금을 냈다.

몇 분쯤 달렸을까. 정말 천천히 갔는데 또 경찰이 나타났다. 이번에는 마을 입구라 제한속도가 60킬로미터인데 우리가 67킬로미터로 달렸다고 벌금을 내라고 했다. 화가 나기보다 웃음이 다 나올 정도였다. 재미있는 것은 국경 근처에서 처음 우리를 잡았던 경찰이 벌금을 받으면서 친절하게 말해 준 것이 있었다. "조금 가면 다른 경찰이 또 기다리고 있을 거요." 짐바브웨의 현실이 확 와 닿았다.

무가베 대통령이 36년 넘게 통치하고 있는 짐바브웨는 파산상태라 공무원이나 경찰들의 봉급을 제때 지급하지 못한다고 한다. 그래서 각자 알아서 돈을 벌어야 하는 상황인 듯했다. 나는 이 나라의 고통을 통감하면서 더 조심스럽게 운전을 할 수밖에 없었다. 사실 얼마 전까지만 해도 우리나라의 교통경찰들도 악명이 높았던 시절이 있지 않았는가.

거룩한 착각

짐바브웨 교통경찰의 입국 환영을 두 번이나 받고 구투로 달리는 길가에는 생텍쥐페리의 《어린 왕자》에 나오는 바오밥 나무가 지천이었다. 하늘을 향해 물구나무를 선 것처럼 보이는 바오밥 나무가 우리를 어린 왕자가 사는 신비한 소혹성 B-612로 이끌어 주는 것 같았다.

짐바브웨가 있는 남부 아프리카에는 잘 자란 소가 많았다. 그래서인지 가끔 들르는 휴게소의 점심 메뉴가 대부분 스테이크였는데 우리나라보다 훨씬 저렴한 가격이었다. 밥과 함께 나오는 300그램짜리 티본스테이크가 8달러 정도였고 감자튀김이 같이 나오면 9달러 정도였다. 짐바브웨 주식인 사짜를 곁들이면 7달러 80센트, 닭고기는 4-5달러, 소의 간 요리는 2달러였다.

아프리카 대부분의 나라와 같이 짐바브웨도 옥수수가 주식이다. 옥수수를 고운 가루로 만들어 찐 것이 사짜다. 짐바브웨 사람들은 이것을 오른손으로 꼭꼭 눌러서 먹는다. 마치 우리나라 떡처럼 쫀득쫀득하다. 하지만 아무리 질 좋은 스테이크라도 김치에 따끈한 컵라면 생각이 굴뚝같은 것은 어쩔 수 없었다.

바오밥 나무 아래서 사진도 찍고, 밥도 먹다 보니 또다시 어둑어둑해졌다. 정말 피하고 싶었던 야간주행을 또 하게 되었다. 가로등도 없는 험한 도로를 달릴 생각을 하니 앞이 캄캄했다. 차선도 좁고 중앙선은 아예 보이지도 않았다. 맞은편에서 거대한 화물트럭이 지나가면 온몸이 비틀거렸다. 잘못해서 사고라도 나면 어떻게 하나, 하이에나처럼 곳곳에 있을 강도들과 경찰들은 어떻게 피하나, 머리가 복잡했다. 그러나 하나님이 누구신가? 우리의 사정을 다 보고 계시는 분이다. 갑자기 우리 앞에 지역 승합차 한 대가 나타났다. 버스 겸 택시로 운행하는 차였다. 마치 우리를 안내하듯 앞에서 차가 오면 깜박이로 알려 주고, 어두운 길이 나오면 밝게 비춰 주었다. 70킬로미터를 그렇게 달려갔다.

얼마나 고마운지 몰랐다. 그 차가 손님들을 태우려고 길가에 멈췄을 때 차 옆으로 다가가 창문을 두드리며 물었다. "누가 운전사요?" 한밤중에 웬 오토바이를 탄 사내가 계속 따라오더니 시커먼 헬멧을 쓴 채 운전을 누가 했냐고 물으니 얼마나 놀랐을까? 운전사는 겁에 질린 표정으로 차에서 내렸다. 그런데 다짜고

3. 보이지 않는 길

짜 내가 고맙다고 하니 운전사는 어리둥절해했다. 뭐가 고마운지 모르는 모양이었다. 어쨌거나 나는 선물을 주고 싶었다. 오토바이 박스에 들어 있던 과자들을 다 털어서 운전사에게 줬다. 운전사와 그 차에 타고 있던 손님들까지 모두 함박웃음을 지으며 손을 흔들어 주었다.

　　가로등도 없는 짐바브웨에서 가장 무섭고 위험한 길을 승합차의 인도로 무사히 벗어났다. 나는 그 운전사가 나그네인 우리를 위해 친절을 베푼 줄 알았다. 그런데 나중에 알고 보니 좁은 1차선 왕복길에서 반대쪽에서 차가 올 때 부딪히지 않도록 하이빔을 끄고 서로 깜박이를 켜주는 게 이곳의 운전 관습이라고 했다. 권 목사님은 이것을 "거룩한 오해"라고 하셨다. 이유야 어쨌든 이 어려운 길을 벗어나게 하신 주님의 예비하심이 아닌가. 진심으로 감사했다.

핑크색 셔츠의 추장님

드디어 걱정했던 오프로드가 나타났다. 구투 병원으로 들어가려고 큰 도로에서 빠져나왔는데 비포장 자갈밭이었다. 어두컴컴한 밤에 가로등 하나 없는 길을 갈 수 있을까. 더군다나 나는 노안 때문인지 밤에는 잘 안 보였다. 한국에서 오프로드 타는 법을 연습했지만 이런 도로는 처음이었다. '어서 와. 이런 길은 처음이지?'라는 것 같았다. 이제부터 본격적인 아프리카 돌밭이 시작되니 맛이나 보라는 듯.

　　우선 병원의 위치를 확인하고 숙소로 가려는데 거리가 꽤 멀었다. 그곳으로 가는 길은 더 험했다. 헤드라이트에만 의존해 자갈길에서 넘어지지 않으려고 용을 쓰며 오토바이를 탔다. 추운 겨울밤, 덜덜 떨고 긴장하면서 달리다 보니 허리도 아프고 다리도 아프고 온몸의 근육이 다 당겨 왔다.

　그렇게 녹초가 되어 숙소에 도착했다. 벽돌로 지은 방갈로 모양의 숙소였다. 겉모습은 훌륭했다. 그런데 전기도, 수도도, 난방도 되지 않았다. 몸을 닦으라고 플라스틱 물통에 미지근한 물을 한 통씩 나눠 주었는데 벌레들이 동동 떠 있었다. 전기는 태양열을 충전해서 쓴다는데 밤 9시에 이미 다 꺼졌다고 했다.

　허탈한 마음에 하늘을 올려다보았다. 은하수가 정말 강처럼 흘렀다. 밤하늘이 온통 별이었다. 아내는 은하수를 처음 본다고 했다. 아무것도 기대할 게 없을 때 하늘을 보게 되고, 캄캄할 때에야 별이 선명하게 보인다. 별만 바라봤는데 이상하게 마음이 풀렸다. 그러나 돌덩이같이 무거운 몸을 차가운 침대에 누이니 따끈한 전기요가 그리운 것은 어쩔 수 없었다. 오늘 하루 700킬로미터를 달렸다.

　다음 날 아침, 식사가 준비되지 않는 숙소라서 또 자갈길을 달려 식당으로 향했다. 시간이 없어 급하게 식사를 마치고 병원으로 달렸다. 이동시간이 많이 걸리니 쫓기는 기분이었다. 구투 선교병원은 짐바브웨 수도인 하라레로부터 300킬로미터 떨어진 시골에 있었다. 네덜란드 선교사들이 100년 전에 지은 병원은 흰색과 파란색으로 새로 칠을 하고 보수가 되어 있었다. 병원 앞의 명판에 적힌 것을 보니, 1907년부터 네덜란드와 이곳 주민들의 관계가 이어져 오고 있음을 알 수 있었다. 네덜란드 개혁교회의 영향으로 이곳의 찬송가는 한국 찬송가와 겹치는 것이 많아 우리가 따라 부를 수 있다고 했다.

　건물은 깨끗하고 좋았다. 하지만 실제 운영에는 어려움이 많았다. 상주하는 의사는 없고, 안과 간호사가 대신하고 있었다. 이 간호사는 간단한 안질환 처치나 시력검사 그리고 수술이 필요

명판을 보니, 1907년부터 100년 이상
네덜란드와 구투 선교병원의 관계가 이어지고 있음을 알 수 있었다.

한 환자들을 모아 놓는 일을 하고 있었다. 연간 네 차례 정도 하라레에 있는 짐바브웨 의과대학병원 안과의 마상가니세 교수 팀이 와서 수술을 해준다고 했다.

이번 짐바브웨 아이캠프는 짐바브웨 당국이 요청한 것으로 한국의 아프리카 미래재단 짐바브웨 지부, 짐바브웨 의과대학 마상가니세 교수와 다섯 명의 레지던트, 그리고 우리 비전케어가 함께한 캠프였다. 구투는 마상가니세 교수의 고향이기도 했다.

핑크색 와이셔츠를 입은 추장님.

아이캠프가 시작하는 날, 추장님이 오셔서 축사를 해주셨다. 그분은 우리가 생각하는 아프리카 추장의 전통적인 복장을 하고 올 거란 예상을 깼다. 핑크색 와이셔츠에 회색양복, 갈색 세무 구두를 신고, 양복 깃에는 반짝이는 금배지를 달고 있었다. 추장은 치프(chief)라고 불렀다. 실제적 행정권이 있는 정부 기구에 속한 것은 아니지만, 지역사회의 정치·종교 지도자 역할을 하고 있었다. 정부 관계자들도 많이 와서 환자들과 함께 우리를 환영해 주었다.

행사 마지막에는 목사님이 기도로 마무리를 지으셨다. 짐바브웨에서는 모든 공식적인 행사에 꼭 기도 순서가 포함되어 있다고 한다. 기독교 선교의 역사가 우리보다 훨씬 오래된 곳이어서 기독교식 문화가 아직 살아 있다는 것을 알 수 있었다. 국민들은 살기 힘들고 정치는 경직되어 있는데 공식적으로는 예수님께 열심히 기도하는 나라. 우리 눈에는 기독교 본질은 사라지고 시스템만 남은 게 아닌가 싶기도 했지만 하나님께서는 짐바브웨를 사랑하셔서 당신의 방법대로 이끌고 가실 것이다.

당신은 수술할 수 없습니다

2002년부터 15년 간 여러 국가에서 아이캠프를 열면서 많은 시행착오와 난관이 있었다. 우리는 순수한 동기에서 무료 수술을 해주려고 했지만, 현지 보건 당국과 병원 책임자들의 오해를 받을 때도 있었다. 어떤 곳에서는 우리에게 종교적 색채가 있다는 이유로 입국을 거절하기도 하고, 담당자가 악의적으로 잘못 올린 보고 때문에 더 이상 들어가지 못한 나라도 있었다. 2005년에 어떤 나라에서는 팀이 다 구성되고, 비행기 표도 이미 사놓았는데 일주일 전에 입국이 거절되기도 했다. 이 일을 기획했던 현지 목사님과 선교 담당 집사님은 경찰 조사까지 받고, 교회는 위험에 빠지게 되었다. 결국 목사님은 한국으로 피신해야 했다. 그때 목사님이 내게 충고를 해주었다. "원장님께서 아이캠프를 하러 올 때, 단기선교라는 말을 쓰지 마십시오. 선교는 우리가 할 테니 원장님은 수술에 집중해 주세요."

그 말이 옳았다. 내 임무는 정성껏 환자들을 돌보고 수술을 잘하는 데 두어야 했다. 환자들이 우리를 보며 예수님의 사랑을 느끼도록! 그때는 입국이 거절된 그 나라보다 더 급한 곳이 있어서 하나님께서 캠프를 막으신 것 같다. 바로 그 시점에 파키스탄에 큰 지진이 일어나 우리 팀은 그곳으로 가서 의료캠프를 열어 더 많은 환자를 치료해 주었던 것이다.

아이캠프를 시작한 짐바브웨의 상황 역시 그리 쉽지는 않았다. 서류가 한 가지 빠졌다는 이유로 나는 수술에서 제외되었다. 그 서류가 도착할 때까지 이틀 동안 수술을 하지 못했다. 짐바브웨는 영국 식민지였던 다른 나라들처럼 법 절차가 까다롭고 철저했다. 사람들은 흔히 아프리카는 후진국이 많아 법이 허술할 것이라고 생각할지도 모른다. 절대로 그렇지 않다.

내가 수술을 하지 못하는 동안 나와 동행한 배지홍 안과의사가 수술을 맡았다. 배지홍 의사는 예멘에 선교사로 있다가 내전으로 인해 철수한 뒤 한동안 비전케어 에티오피아 지부에서 사역했다. 지금은 산부인과 의사인 아내와 함께 탄자니아의 의료 선교사로 있다.

이럴 땐 당황하거나 화를 내거나 혹은 캠프를 철수하거나 하는 어리석은 일을 벌이지 않는다. 뭔가 하나님께서 내게 시키실 일이 있다는 사인이니까. 이틀 동안 나는 짐바브웨 의사들과 많은 대화를 나누며 친밀하게 지냈다. 옆에서 말로 수술법을 가르치기도 했다. 내가 하루 종일 수술만 했다면 할 수 없었을 인간적인 교제였다. 짐바브웨 의사들은 자부심이 높았다. 공부를 많이 한 티가 났다. 짐바브웨의 인재들은 영국 옥스퍼드 대학이나 하버드 대학으로 유학을 간다고 했다. 다들 똑똑하고, 영어가 능숙하고, 눈이 반짝거렸다.

그들로부터 짐바브웨의 안과의 현실을 들을 수 있었다. 짐바브웨의 인구는 1,300만 명이라서 최소 130명의 안과의사가 있어야 적절한 치료와 수술을 받을 수 있다고 했다. 그런데 현재 짐바브웨에는 안과의사가 30명뿐이고, 대부분 수도인 하라레에 있다고 했다. 수도에 있는 대학병원에는 6명의 안과의사가 있는데 그들이 6주에 한 번씩 지방을 돌아다니면서 간단한 진료와 수술을 하는 게 전부였다.

정부병원에서 백내장 수술을 받으려면 200달러가 든다. 개

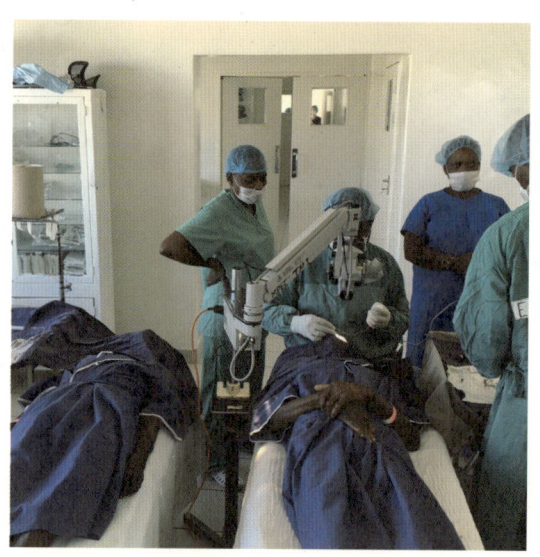

짐바브웨 의과대학 레지던트들의 안과수술 장면.
짐바브웨 의사들은 자부심이 높았다.

인 병원은 그보다 비싸 550-700달러가 든다. 이것은 단지 수술비용일 뿐이고, 이밖에 소모품과 약품은 다 따로 사야 한다. 미국보다도 더 큰 비용이 드는 것이다. 안과의사를 만나기 힘들기도 하지만, 일인당 국민소득이 900달러를 조금 넘는 이곳 국민들이 수술을 받기란 더욱 어려운 현실이다.

환자는 넘쳐도 안과의사가 이렇게 적은 이유는 다른 아프

리카 나라와 비슷했다. 에이즈나 말라리아, 모자보건 등 세계적으로 후원을 많이 받는 분야에만 의사들이 몰리기 때문이었다. 우리나라가 아프리카를 원조할 때, 자금력으로 미국이나 일본처럼 다른 부유한 나라들과 경쟁할 수 없다. 대신 우리나라는 기술력이 강점이다. 수술도 한국 의사들이 참 잘한다. 이런 것을 볼 때 앞으로는 다른 나라들이 하는 분야를 따라가지 말고, 우리나라에 맞는 분야로 특성화하는 것이 좋겠다는 생각이 들었다. 의료 지원 부분에서 아직 원조액이 적은 안과나 치과, 정형외과 분야로 눈을 돌리면 투자 대비 효과가 클 것이다.

빠진 서류가 도착하자 나도 수술에 참여했다. 한국 의사들이 수술하는 것을 지켜보던 짐바브웨 의사들이 우리를 대하는 태도가 달라졌다. 우리가 가져간 첨단 기계에 놀라고, 우리가 하는 수술법을 배우고 싶어 했다. 그들은 내가 가르치는 수술을 금방 이해했다. 손재주가 좋아 수술도 잘했다.

무엇보다 마상가니세 교수와 전공의들, 간호사들과 직원들에게서 자국 환자들에 대한 사랑과 진심이 느껴졌다. 알고 보니 모두 신실한 크리스천이라고 했다. 그분들을 보면, 짐바브웨의 미래를 기대해도 좋을 것 같았다. 이런 훌륭한 인적 자원과 시스템이 있는데도 나라의 어려운 재정 형편으로 실명 위기에서 도움을 받지 못하는 환자가 많은 현실이 더욱 안타까웠다.

첫 번째 입원 환자

나와 함께 오토바이를 타고 다니던 권 목사님이 입원을 하고 말았다. 사실 며칠 전부터 몸이 좋지 않았다. 급격히 컨디션이 나빠져 있었는데 오랜 여정으로 쌓인 피로 때문이라고 가볍게 생각하고 휴식만 취했었다. 한국 같으면 별 문제가 없었을 것이다. 피곤하면 오토바이를 타지 않으면 그만이니까. 하지만 일정이 잡혀 있는 이곳에서는 아무리 몸이 아파도 시간에 맞춰 다음 목적지에 도착해야 했다. 남아공에서 스와질란드를 거쳐 모잠비크로, 다시 남아공으로 와서 짐바브웨까지 쉴 새 없이 달려왔다. 야간에는 아프리카의 겨울바람에 된통 당하고, 자갈밭길을 달리느라 체력을 다 소모했다.

목사님은 짐바브웨에 도착한 다음 날에도 아침부터 캠프 준비를 돕느라 또 쉬지를 못했다. 영어를 잘하는 목사님은 밀려드는 수술 환자들에게 일일이 기도해 주고, 수술 후 주의점도 일러주느라 바빴다. 지난 주일에는 저녁도 거른 채 일찍 잠자리에 들었지만 한숨도 못 잤다고 했다. 결국 아이캠프가 열리고 있는 구투 병원에 입원 아닌 입원을 했다. 3일 동안 항생제와 진통제를 먹었지만 아무런 차도가 없었다.

아무래도 이상해 구투 병원에서 가능한 혈액과 소변검사를 했다. 결과는 충격적이었다. 검사 수치가 기준치에 비해 1,000배 이상 높게 나온 것이다. 이 수치대로라면 목사님은 급성신부전증에 걸린 것이었다. 빨리 귀국해야 했다. '만에 하나 목사님이 잘못되기라도 한다면?' 순간 갖가지 불길한 생각이 마음을 어지럽혔다. 괜히 목사님을 데리고 아프리카까지 와서 이 일을 당했으니, 목사님 가족에게는 얼마나 미안하며, 담임목사님에게 두 달이나 교회를 비우게 해주고 오토바이까지 사준 선린감리교회 교인들에게는 또 얼마나 죄송한가.

목사님 없이 나 혼자 오토바이로 달려갈 수는 없었다. 오토바이를 싸서 다시 한국으로 보내야 하나 하는 생각도 들었다. 아프리카를 오토바이로 달리는 것이 얼마나 무모한 일이냐며 다들 말렸는데, 그들 말처럼 되어 '눈을 떠요, 아프리카' 프로젝트가 웃음거리가 되는 것은 아닐까 걱정도 들었다.

권 목사님과 처음 만난 것은 파키스탄으로 의료봉사를 준비하던 2001년, CCC에서 열린 '파키스탄선교의 밤' 세미나 장소에서였다. 30대 젊은 목사님은 무슬림 선교사역을 하다가 파키스탄 카라치한인교회에서 시무하고 있었다. 처음 시작하는 의료 봉사를 제대로 하고 싶었던 나에게 목사님은 정확한 현지 정보를 주어 정말 큰 도움이 되었다.

처음 파키스탄에 도착해 그곳 관계자를 만나러 갔을 때였다. 외모를 중시하는 그곳 문화에 맞게 권 목사님은 단정하고 품위 있는 양복 차림으로 능숙한 영어를 구사하며 미팅을 주도했다. 권 목사님 덕분에 파키스탄 카라치 프리아이캠프는 성공적이었다.

그때 아이캠프에서 목사님은 느헤미야 1장으로 설교를 했다. 예루살렘성이 훼파되었다는 말을 들은 느헤미야가 굳이 본인이 가지 않아도 되는 예루살렘으로 가서 무너진 성벽을 재건하고 신앙의 개혁을 이루어 나간 것같이 내게도 그런 "거룩한 부담감을 가지고 파키스탄에 자주 오라"는 부탁을 했다. 나는 그 약속을 지켰다.

'눈을 떠요, 아프리카'를 기획하면서 오토바이를 타고 종단하겠다는 말을 했을 때도 내 말을 진지하게 듣고 믿어 준 단 한 명의 지지자가 목사님이었다. 오토바이라고는 뒷자리에도 앉아 보지 않았고 심지어 사탄의 도구라고까지 여겼던 목사님이 이 일을 위해 2년 전에 면허도 취득하고, 쉬는 날이면 순천까지 오토바이로 달리며 연습을 했다. 오토바이가 고장 나면 고치려고 각종 정비기구까지 챙겨 온 철저한 분이었다. 이렇게 믿고 함께할 수 있는 대들보 같은 목사님이 아프니 커다란 암초에 부딪힌 것 같았다. 앞이 캄캄했다.

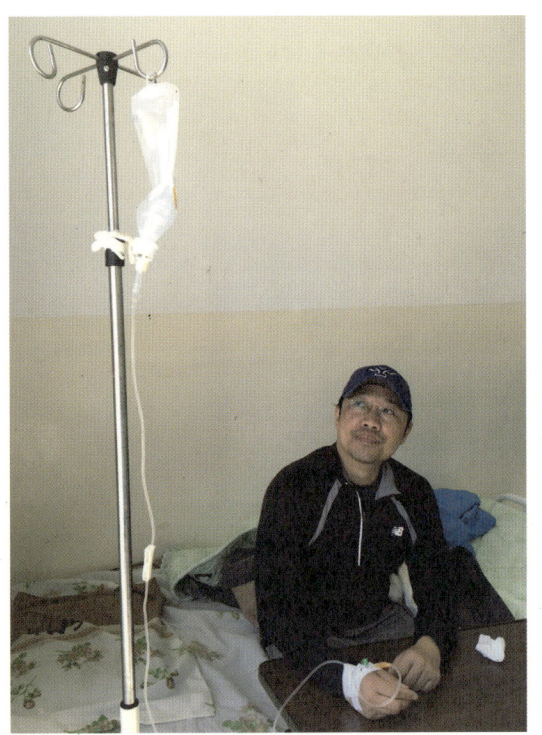

첫 번째 입원 환자가 된 권구현 목사님.

하나님께 매달릴 수밖에 없었다. 간절한 기도가 절로 나왔다. 아프리카에 도착한 이후 드리는 가장 절실한 기도였다. 주님께서 가라 하시면 혼자서라도 끝까지 달려야 한다고 마음의 준비도 했다. 그러면서 검사결과 표를 다시 한 번 들여다보았는데 '아무래도 뭔가 이상한데…' 하는 의심이 들어 검사결과지를 들고 현지 간호사에게 확인을 부탁했다. 간호사는 아무 일 없다는 듯 "정상입니다"라고 말했다. 알고 보니 검사 수치를 표시하는 단위가 우리나라와 달랐던 것이다. 걱정하던 말라리아도 아니었다.

다행히 목사님은 건강상의 큰 문제는 없었지만 과거 병치레 했던 부분에 감염이 되었을 수도 있어 링거를 맞고 약도 복용했다. 무엇보다 힘이 되어 준 것은 한국 음식이었다. 짐바브웨에서 선교사와 소아과의사로 일하는 전진경 선생님이 보내 온 김치와 내 아내가 쑨 흰죽을 먹으며 체력을 회복했다. 권 목사님은 짐바브웨 구투 선교병원에 입원한 첫 번째 한국인 환자가 되는 영예를 안았다.

우리가 기도할 수 없을 때에도

목사님이 회복하는 것을 보고 정신이 번쩍 들었다. 그동안 우리가 늘 해오던 아침 큐티를 구투 선교병원에 도착한 이후로는 한 번도 하지 못했다는 사실 때문이었다. 핑계 같지만, 여러 어려운 상황이 겹치면서 기도할 틈을 내지 못했다. 길은 험했고, 처음으로 관계를 맺는 병원 관계자들은 서류 한 장에도 까다로웠다. 수술할 환자는 밀려오는데 나는 수술을 이틀 동안 못했고, 기둥처럼 의지했던 목사님은 쓰러졌다. 병원과 숙소, 식당 모두 멀리 떨어져 있는 데다 길은 자갈밭이었다. 밤에는 추위에 덜덜 떨며 잤고, 물이 없어 씻지도 못했다.

　이런 여러 가지 어려운 상황이 겹치고, 일은 많아 피곤하기까지 하니 함께 기도할 시간이 없었다. 아니다. 마음이 무겁고 정신이 없어 큐티 책조차 펼칠 힘이 없었다는 게 솔직한 고백이다. 나중에 캠프를 마치고 보니, 짐바브웨에서 찍은 사진이 거의 없었다. 다들 카메라 앵글도 들이댈 수 없을 만큼 힘이 들었다는 증거였다.

　아이캠프가 끝나기 이틀 전에야 큐티 모임을 다시 시작했다. 그동안 덮어 놨던 큐티 책을 펼쳤다. 그날의 말씀을 읽는 순간, 하나님께서 우리가 처했던 모든 어려운 상황을 다 보고 계셨음을 깨달았다.

　"만물의 마지막이 가까이 왔으니 그러므로 너희는 정신을 차리고 근신하여 기도하라 무엇보다도 뜨겁게 서로 사랑할지니 사랑은 허다한 죄를 덮느니라 서로 대접하기를 원망 없이 하고 각각 은사를 받은 대로 하나님의 여러 가지 은혜를 맡은 선한 청지기같이 서로 봉사하라 만일 누가 말하려면 하나님의 말씀을 하는 것같이 하고 누가 봉사하려면 하나님이 공급하시는 힘으로 하는 것같이 하라"라는 베드로전서 4장 7절에서 11절까지의 말씀이었다.

　눈물이 핑 돌았다. 주님은 우리가 지쳐 기도할 수 없는 순간에도 우리를 기억하고 바라보고 계셨다. 그동안 하지 못했던 큐티 책 앞부분으로 페이지를 넘겨 보았다. 우리에게 환란이 시작되었던 월요일에는 시편 16편 말씀이 있었다. "하나님이여 나를 지켜 주소서 내가 주께 피하나이다 … 그가 나의 오른쪽에 계시므로 내가 흔들리지 아니하리로다." 그다음 날은 "그리스도께서 이미 육체의 고난을 받으셨으니 너희도 같은 마음으로 갑옷을 삼으라"로 시작하는 베드로전서 4장 말씀이 있었다.

하나님께서는 이미 우리의 고난을 알고 계셨다. 그리고 우리에게 딱 맞는 말씀으로 힘을 주시려고 준비하고 계셨는데, 우리가 그 말씀을 듣지 못했던 것이다. 오늘 주시는 말씀에 밑줄을 그었다. "무엇보다도 뜨겁게 서로 사랑할지니 … 선한 청지기같이 서로 봉사하라 … 하나님의 공급하시는 힘으로 하는 것같이 하라."

단결투쟁, 존 아저씨

우리가 수술을 했던 마싱고 지역은 200만의 주민이 있는데, 안과 의사는 단 한 명뿐이었다. 6주마다 지역을 순회하는 안과 팀이 와야 진료를 볼 수 있는 곳이 대부분이었다. 환자들은 순박한 우리나라 농촌의 어르신들처럼 보였는데, 최근까지 영국의 식민지였기에 영어를 잘하고 짐바브웨에 대한 자부심도 상당했다.

이번 아이캠프를 시작할 때부터 눈에 띄는 환자가 있었는데, 그는 '단결투쟁'이란 한글이 적힌 검은색 조끼를 입고 있었다. 다른 옷도 아니고 민주노총 조끼를 입고 있어서 인상이 깊었다. 그는 백내장이 걸린 눈을 제외하고는 아주 건강해 보였고 영어도 유창했다. 62세의 존이었다. 예전에 전자기기를 다루는 일을 했는데 최근 들어 경제가 안 좋아지면서 일자리를 잃었다고 했다. 젊은이들도 일자리가 없는 짐바브웨에서 실직한 노인은 더욱 일할 데가 없었다. 몇 년 동안 직업이 없는 상태에서 오른쪽 눈까지 보이지 않아 직장은커녕 일상적인 생활도 어렵다고 했다. 생활비는 남아공에 사는 남동생이 보내 준다고 했다.

병원을 갈 수도 없고, 약도 없는 상황이었다. 마침 한국 의사들이 구투로 온다는 소식을 듣고 주변 사람들의 도움을 받아

2-3시간이나 떨어진 곳에서 왔다고 했다. 그는 다행히 백내장 수술을 받을 수 있었다. 수술실에서 쉴드로 한쪽 눈을 가리고 나온 그는 환하게 웃어 보였다. "정말 기뻐요. 이제 다시 직장도 구할 수 있어요. 가족들과 친구들도 더 잘 보여요. 정말 좋아요."

존이 입은 조끼도 남동생이 보내 준 옷이라고 한다. 가끔 교회에서 아프리카나 저개발국가에 헌옷이나 중고 주방기구 등을 보낼 때가 있는데 아마 그때 받은 옷일 것이다. 이런 것들은 이곳

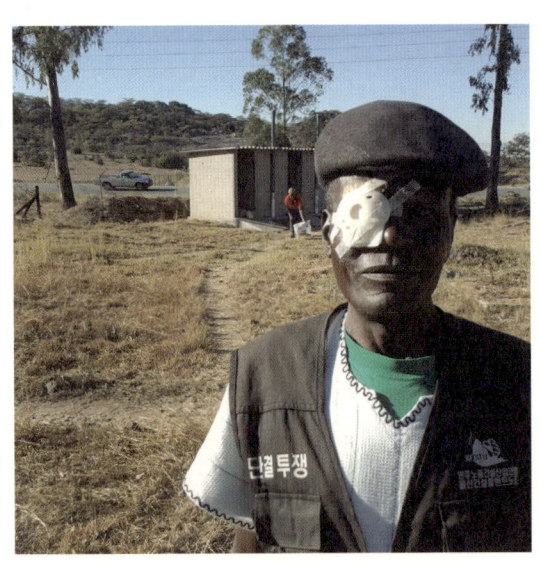

'단결투쟁'이라고 쓰인 조끼를 입은 존 아저씨.
그는 다시 직장을 구할 수 있다며 좋아했다.

사람들에게 도움이 된다. 그러나 의료 봉사할 때는 사정이 다르다. 간혹 어떤 단체에서는 유통기한이 거의 다 되었거나 지난 의약품들을 보낸다. 정말 주고도 욕을 먹는 경우다.

나도 처음 해외에 나가 수술을 할 때는 정해진 비용 안에서 많은 환자를 고쳐 주려고 하니 얼마라도 싼 소모품들을 써야 했다. 그런데 막상 현지인을 수술하면서 내 마음이 편치 않았다. '가

장 좋은 것으로 하자'라고 생각을 바꾸었다. 비록 적은 환자에게 혜택이 돌아가더라도 비싼 인공수정체와 의약품을 사용하기로 했다. 한 명을 고치더라도 완벽하게 해주는 게 맞는 일이다. 이웃에게 베풀 때는 하나님께 드리는 예물처럼 드려야 한다. 하나님은 네 몸과 같이 이웃을 사랑하라고 하셨다.

혹 우리가 병들고 다리 저는 양을 가난한 이웃에게 주면서 생색을 내는 것은 아닌지 돌아보곤 한다. 존은 밝은 눈으로 기뻐하며 집으로 돌아갔다. 나도 떳떳하게 기뻤다.

피리 부는 사나이

아이캠프 마지막 날이었다. 오전 마지막 수술 후 경과 관찰까지 마쳤다. 모두 127명의 환자를 수술했다. 짐바브웨에서는 첫 번째로 연 아이캠프였다. 국경을 통과하느라 고생도 하고, 교통 딱지도 두 번이나 떼이고, 수술을 못하는 위기도 있었지만 성과는 좋았다. 울퉁불퉁한 자갈밭길을 달리느라 힘들었고, 숙소는 춥고 불편했지만 막상 떠나려니 서운했다.

짐을 꾸려 짐바브웨의 수도인 하라레까지 이동했다. 수도로 달려갈수록 관리가 잘 되어 있는 농장들이 보였다. 한때 이 땅에서 쫓겨난 영국인 농장주들이 다시 들어와 경영을 하고 있다는 말을 들었다. 원래 짐바브웨는 남부 아프리카를 다 먹여 살릴 수 있을 만큼 농산물이 풍부한 나라였다. 옥수수, 사탕수수, 밀, 목화, 담배 등을 재배하는 농장이 2,000개가 넘는데 영국인들에 의해 운영되고 있었다. 그러나 1980년 영국으로부터 독립한 이후, 백인 농장주들이 쫓겨 나가면서 농장들이 황폐화되었다고 한다. 짐바브웨 국민들은 영국의 식민지로 있으면서 노동력만 제공했을 뿐 농장 경영을 해보지 못한 것이다.

주인이면서 주인 역할을 배우지 못한 것, 여기에 식민지 국가의 비극이 있다. 우리도 일본 식민지의 남아 있는 자취들을 없애려 얼마나 많은 시간과 노력을 들였는가. 100년 가까이 영국 식민지로 있었던 짐바브웨는 그만큼 더 극복해야 할 문제가 산적해 있을 것이다.

아프리카를 오토바이로 달리면서 느낀 점이 있다. 어떤 사람들은 아프리카가 못사는 것은 사람들이 게을러서라고 말한다. 내가 경험해 보니 절대 아니었다. 내가 본 사람들은 새벽부터 일어나 일을 했다. 구투에 있던 학생들도 새벽부터 걸어서 학교에 가 저녁 6시까지 공부를 한다고 했다. 시골인데도 그렇게 교육에 힘을 쓰고 있었다.

대부분의 아프리카는 풍요로운 땅이다. 평평한 땅이 끝없이 넓고 비옥하다. 1년 내내 농사가 가능하다. 자원도 많고, 인구도 많다. 장마나 태풍, 지진과 같은 자연재해도 없다. 이렇게 좋은 땅에 사는데 가난한 이유는 여러 가지가 있겠지만, 큰 이유는 아마도 대부분의 아프리카 나라가 오랫동안 강대국의 식민지였기 때문일 것이다.

하라레는 수도답게 현대식 고층 빌딩도 많고, 영국풍으로 거리가 잘 정비된 세련된 도시였다. 이곳에서는 아이캠프를 열 계획이 없었다. 그러나 우리가 왔다는 소식을 듣고 짐바브웨에 사는 교포들과 인근 지역 안질환 환자들이 모여들었다. 내가 나타나면 환자들이 모여든다고 해서 사람들은 나를 '피리 부는 사나이'라고 불렀다. 교포는 16명 정도 왔는데, 이곳은 진료비용이 비싸고 시간도 많이 걸려 시기적절하게 안과 검진을 받기 힘들다고 했다.

검진을 하니 많은 분이 안압이 꽤 높게 나왔다. 녹내장 검사를 해야 했다. 그밖에 안구건조증과 초기 백내장 환자들이 있었다. "더 심해지면 아무래도 한국에 가서 수술해야겠지요?" 교민들은 짐바브웨 의사들을 믿지 못하는 모양이었다. "아닙니다. 짐바브웨대학병원 의사들, 참 똑똑하고 수술도 잘합니다." 나는 그분들에게 안심하고 이곳 안과의사들에게 가서 진료를 받아도 좋다고 추천해 드렸다.

아주 작은 흑인 아이가 삼촌을 따라 진료를 받으러 왔다. 닉슨이라는 9세 소년이었다. 닉슨은 짐바브웨 한국대사관에서 일

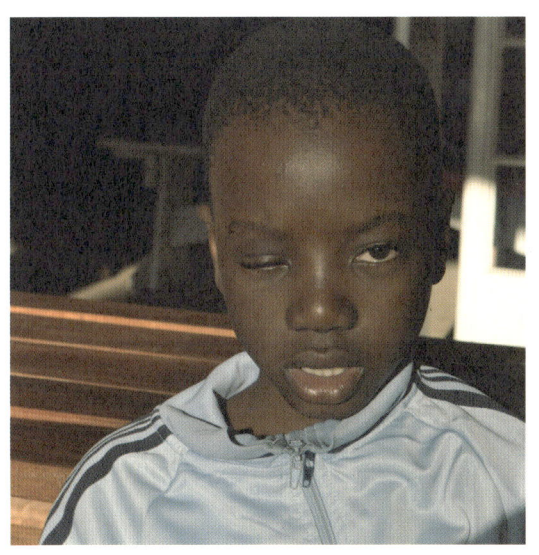

너무 늦게 찾아온 닉슨. 제때 치료를 받지 못해
눈을 못 뜨는 아이들이 없길 기도할 수밖에 없었다.

하는 요리사의 아들이었는데, 한쪽 눈을 아예 뜨지 못했다. 한눈에 보기에도 심각했다. 닉슨은 1년 전, 축구를 하다가 눈을 다쳐 병원에 갔지만 수술 일정이 한 달 뒤로 잡혔다고 했다. 의사가 없어 그랬을 것이다. 이렇게 상태가 심각한데 차일피일 시간만 흐르고 그렇게 1년이 지난 것이다. 눈을 들여다보았다. 수술하기에는 너무 늦었다. 더 이상 해줄 의료적인 처치가 남아 있지 않았다. 한

국에서 의사가 온다고 큰 기대를 걸고 왔을 아이에게 실망만 주어 너무 가슴이 아팠다. 아이에게 미안하고 안타까웠다. 기도만 해줄 뿐이었다.

짐바브웨 권용규 대사님이 우리 팀을 저녁 만찬에 초대했다. 오랜만에 먹는 한식에 그동안 축이 난 육신과 정신적 피로가 회복되었다. 고국의 음식은 힘이 있었다. 우리 그리스도인들도 본향인 천국에 들어가면 그곳의 음식도 그럴 것이다.

짐바브웨 아이캠프를 도와준 아프리카 미래재단 짐바브웨 지부장이며 의사인 강동원 선교사와 그의 아내 전진경 박사, 아프리카 미래재단 김억 사무총장님으로부터 짐바브웨의 역사와 경제 상황, 자연환경 등 생생한 이야기를 들었다.

에이즈와 가난, 질병이 넘치는 검은 대륙이라고만 알려진 아프리카에 대한 편견과 무지, 오해가 마치 눈에 덮여 있던 비늘이 떨어져 나가듯 사라졌다. 아프리카 사람들의 눈을 뜨게 하러 온 내가 도리어 아프리카에 대해 눈을 뜬 것 같았다. 그들을 이해하면 할수록 그만큼 더 사랑하게 되었다. 하나님께서 예수님을 이 땅에 보내셔서 인간의 아픔을 그대로 알게 하신 것같이.

덥다고 알려진 아프리카인데 7월의 짐바브웨는 영상 8도였다. 나는 패딩까지 껴입었다. 밤에 잘 때는 너무 추워 수술가운을 입고 잤다. 다행히 그동안 덜덜 떨며 찬물로 씻다가 정말 오랜만에 아프리카 미래재단 센터 숙소에서 뜨거운 물로 샤워를 했다. 행복에 많은 것이 필요한 것은 아니다. 따뜻한 물과 숙소, 한두 가지 고향의 음식만으로도 지극히 행복했다. 행복의 정의에 대해서도 새로이 눈을 뜬 느낌이었다.

약속이 중요하다

짐바브웨에서 모든 사역을 마쳤다. 아침 8시, 일찍 짐을 꾸려 하라레를 떠났다. 짐바브웨 국경을 넘어 잠비아 루사카까지는 대략 10시간 이상 달려야 하는 길이었다. 국경 통과 시간은 또 얼마나 걸릴지 예상할 수 없었다.

짐바브웨에서 가장 볼 만한 곳이 있다면 빅토리아 폭포다. 남부 아프리카에 왔으면 당연히 보고 가야 하는 세계적인 명소이기도 하다. 사실 어젯밤, 우리 팀원들과 갈등이 있었다. 잠비아로 가는 길을 서쪽으로 우회하면 빅토리아 폭포를 볼 수 있었다. 모두 세계 3대 폭포라는 빅토리아 폭포로 돌아가길 바라는 눈치였다.

나도 밤잠을 못 이루며 이리저리 거리와 시간을 재보고 어떻든 그동안 고생을 많이 한 팀원들을 위해 폭포에 들러 보려 노력했다. 리빙스턴 선교사가 발견한 곳이기에 나에게도 의미가 있는 곳이었다. 그러나 결론은 '불가'였다.

빅토리아 폭포를 가려면 하라레에서 10시간이 걸리고, 폭포를 구경하고 잠비아로 넘어와 동쪽에 있는 루사카로 이동하려면 또 그만큼의 시간이 걸렸다. 국경을 넘어갈 때 무슨 일이 있을지 알 수 없었다. 게다가 목사님은 병에서 회복된 지 얼마 되지도 않았다. 내가 안 된다고 결론을 내렸는데, 사람들은 포기하지 않고 또 빅토리아 폭포 얘기를 꺼냈다. 나도 모르게 큰소리가 나오고 말았다.

리더는 참 외로운 자리다. 중요한 것을 위해 무엇인가 잘라내고, 거절해야 하고, 반대를 무릅쓰고 밀고 나가야 하기 때문이다. 이런 과정에서 본의 아니게 사람에게 상처를 주기도 한다. '좋은 게 좋다'라는 말을 나도 알고 있다. 하지만 그 말이 꼭 옳은 것은 아니다. 여러 사람의 뜻을 대변하느라 나와 팀원들 중간에서 힘들어했을 딸아이를 불러 얘기를 나눴다.

"은유야, 너도 나중에는 리더가 되겠지만, 리더는 우선순위에 따라 방향을 정하는 역할을 해야 한단다. 팀원들의 의견도 중요하고 다수결도 중요하지. 하지만 우리는 관광으로 여기 온 것이 아니란다. 우리 프로젝트는 환자와의 약속이 더 중요해. 빅토리아 폭포에 들르게 되면 일정이 늦어져 루사카에서 우리를 기다리는 환자들이 수술을 못 받게 될 수도 있어. 그들은 평생에 한 번 있을까 말까 하는 기회를 놓치게 되겠지?"

사람에게는 신의가 중요하다. 약속을 했으면 지켜야 한다. 크리스천에게는 더욱 그렇다. 은유는 아빠의 말을 이해해 주었다. 팀원들에게도 다시 얘기했다. 우리 프로젝트의 1차 사역이 잠비아를 거쳐 말라위에서 마치게 되는데 그곳에서 2박 3일 동안 푹 쉬기로 되어 있으니 조금만 견뎌 달라고 했다. 나는 우리 팀원들을 사랑하고, 고마워하고, 신뢰한다. 젊은 나이에 힘들고 박봉인 NGO에서 일하는 것이 어디 쉬운 일인가.

이 일은 의미와 보람이 있지만, 너무 힘들어서 그만두는 사람이 많을 정도로 고된 일이기도 하다. 우리끼리 "전우의 시체를 넘고 넘는다"라는 우스갯소리가 나올 정도로 이직률이 높은 직업이다. 그런 데다가 일을 잘해 보려고 내가 밀어붙인 것도 있었다. '눈을 떠요, 아프리카' 팀 간호사들은 남미 사역을 마치자마자 아프리카로 왔으니 얼마나 힘이 들겠는가. 그래도 약속은 지켜야 했다.

갈등을 봉합하고 짐바브웨와 잠비아 국경인 치룬두로 가는 길은 정말 아름다웠다. 돌의 나라답게 멋진 자연석들이 마치 작품처럼 줄줄이 서 있었다. 설악산 흔들바위 같은 거대한 바위들 몇 개가 층층이 쌓여 있는 것도 보였다. 인간이 만들어 낼 수 없는 하나님의 조각품들이었다. 짐바브웨 사람들도 돌을 잘 다루었다. 시내에 전시해 놓고 파는 작품들을 보면 훌륭했다.

"어떻게 돌로 저렇게 만들어 낼 수 있지?" 만져 보고도 믿기지 않을 만큼 매끄럽게 조각을 했다. 짐바브웨에서는 집을 지을 때 우리나라처럼 땅파기와 같은 기초 작업을 따로 하지 않는다고 한다. 돌 위에 건물을 올리기만 하면 된다. 건물들의 위치와 방향이 밑에 깔린 돌의 모양에 따라 결정된다고 하니 참 재미있는 일이다.

아프리카의 도로들은 산골짜기가 아닌 산 정상이 연결된 구릉 위로 뚫려 있었다. 말라리아 때문에 모기를 피하다 보니 사람들의 거주지가 높은 곳에 자리 잡았기 때문일 것이다. 도로 밑으로 옥수수와 차를 기르는 밭이 푸르게 펼쳐져 있었다. 어쩌다가 고도계를 보니 깜짝 놀랐다. 해발 1,500미터 위를 달리고 있었으니까. 한국으로 말하면 설악산 위를 달려가는 셈이었다. 태양이 넘어갈 때는 저 멀리 내려다보이는 언덕 밑으로 해가 가라앉는 것 같았다. 치룬두에 가까이 달려갔다. 구릉을 힘들게 오르고 나니 절벽 밑으로 말할 수 없이 아름다운 광경이 펼쳐졌다. 작은 나무숲이 지평선 끝까지 닿아 있었다. 나무들의 바다였다. 아프리카를 달린 후 처음으로 중간에 오토바이를 세우고 사진을 찍었다. 빅토리아 폭포를 포기한 우리에게 하나님은 아무나 볼 수 없는 아프리카의 숨은 절경을 대신 보여 주시는 것 같았다.

험한 길에서는 힘을 빼고

잠비아로 들어가는 국경 치룬두에 도착했다. 국경을 갈라놓은 철조망 위로 개코원숭이들이 자유롭게 넘어 다녔다. 동물들에게 국경이 무슨 의미가 있겠는가. 하나님이 도와주셔서 세관은 아주 간단하게 3시간 만에 통과했다. "뭐야, 왜 이렇게 빠른 거지?" 10시간쯤으로 각오했는데 3시간이 걸리니 순식간에 통과한 것 같았다. 천천히, 느리게 가는 아프리카에 우리도 적응해가고 있는 모양이었다.

잠비아에서 입국심사를 마치고 나오자마자 우리를 기다린 것은 쓰레기를 태우는 듯한 매캐한 악취였다. 게다가 정말 원치 않는 야간주행이 다시 시작되었다. 국경지대라 짐을 잔뜩 실은 거대한 트럭들이 달렸다. 가로등도 없는 좁은 도로 반대편에서 트럭들이 고속으로 달려올 때마다 신경이 곤두섰다. 게다가 트럭들이 일으키는 먼지에 가려 앞이 안 보였다.

더 위험한 것은 도로에 있는 구덩이들이었다. 도로 가운데 아스팔트가 무너져 내려 예측할 수 없는 곳에서 구덩이들이 나타났다. 연달아 나타나는 구덩이 때문에 오토바이를 S자로 꺾기도 하고, 외나무다리를 건너듯 웅덩이 사이로 난 좁은 길을 아슬아슬하게 운전했다. 피할 수 없는 구덩이에는 오토바이와 함께 그냥 빠질 수밖에 없었다. '덜커덕' 온몸에 충격이 느껴졌다. 타이어가 찢어지거나 휠이 부서지는 사고를 당하면 큰일이었다.

게다가 캄캄한 밤, 달의 표면처럼 울퉁불퉁한 자갈길을 자동차 불빛에만 의지해 오토바이를 몰고 가는데, 잘 보이지도 않는 도로를 사람들이 불쑥불쑥 가로질렀다. 피부도 검기에 더욱 보이지 않았다.

배가 고프고 너무 힘이 들었다. 혹시 중간에 쉬어 갈 곳이 있는지 봤지만, 호텔도 식당도 없었다. 기름마저 떨어져 가고 있는데 주유소도 보이질 않았다. 다행히 몇십 킬로미터를 달리니 반사판이 있고 차선도 선명하게 보이는 정비된 도로가 나왔다. 오전 8시에 출발해서 루사카에 있는 한인 게스트하우스에 도착한 시간은 밤 10시였다. 13시간 이상을 달려온 것이다. 배고픔과 피

다시 시작된 야간주행.

3. 보이지 않는 길

로에 지쳐 있던 우리에게 삼겹살구이가 저녁으로 나왔다. 아프리카에 와서 사자는 한 번도 본적이 없지만, 우리는 마치 굶주린 사자 떼처럼 그야말로 삼겹살을 폭풍 흡입했다. 잠비아에서의 첫 식사였다. 무사히 도착했음에 감사드렸다.

아프리카의 길을 달리는 것은 힘들고 위험한 고비도 많다. 그러나 오프로드를 달리다 보니 요령이 생겼다. 그냥 몸의 힘을 빼는 것이다. 울퉁불퉁한 길에서는 넘어지지 않으려고 온몸에 힘을 주게 되는데 그것이 더 위험했다. 긴장을 풀고 거친 길을 있는 그대로 맡기고 달리면 된다. 어려운 일을 당할 때, 내가 해결하려고 온몸에 힘을 주면 일이 더 꼬일 때가 있다. 힘을 빼고 주님께 맡기라는 것이 이런 것인가 보다.

원칙은 지킨다

루사카 안과병원은 2008년에 처음 온 이후 지금이 세 번째다. 2001년에 세워진 이 병원은 잠비아의 첫 안과병원으로, 한국계 미국인인 닥터 제니 유가 원장을 맡고 있다. 닥터 유의 수고와 헌신으로 병원은 잘 운영되고 있었다. 3년 전보다 의료장비도 늘어나고, 환자이송버스로 매달 한 번은 안과의사가 없는 지역에 나가 진료를 하고, 분기별로 규모가 큰 아이캠프를 열어 매년 1,200여 명 이상을 수술하고 있었다. 닥터 유는 그의 남편인 치과의사 폴과 함께 안식교 선교사로 있다.

잠비아에는 현재 25명의 안과의사가 있는데 20명이 수도인 루사카에 있다. 지난 8년 사이에 두 배가 늘어난 숫자였다. 처음 잠비아에 왔던 2008년 5월 아이캠프가 생각난다. 경비를 줄이기 위해 싼 비행기 표를 끊어 힘들게 왔는데, 공항에서 장비를 통과

시켜 주지 않았다. 교민들의 도움으로 밤 늦게 겨우 장비를 찾아와 다음 날 아침 세팅을 마쳤는데, 이번에는 보건국에서 수술을 못하게 했다. 잠비아로 오기 전에 이미 의대졸업증명서와 전문의 자격증을 다 보내고 허락까지 맡았는데도 말이다. 하릴없이 병원 잔디밭에 앉아 아프리카의 푸른 하늘만 바라보며 시간을 보냈다.

다음 날도 허락이 안 떨어졌다. 팀원들 사이에서 근처 한국인 선교사가 오픈한 다른 병원에 가서 수술을 하자는 의견이 나왔다. 나는 안 된다고 했다. "하지 말라면 하지 않는 게 이곳 법을 존중하는 것입니다. 우리보다 후진국이라고 해서, 우리가 이곳을 도와주러 왔다고 해서 이곳 제도를 무시하면 안 됩니다." 이곳 잠비아 보건국에 우리 비전케어 팀이 원칙을 지키는 단체라는 좋은 선례를 남겨야 한다고 생각했다. 셋째 날 오후가 되어서야 겨우 허가가 나왔다. 나머지 이틀 동안 밤늦게까지 수술을 했다. 112명을 수술해 주었으니 얼마나 열심히 했겠는가. 그렇게 원칙을 지켰기 때문에 그 이후에도 잠비아로 들어올 수 있었다.

2008년 라오스에서도 그런 일이 있었다. 라오스 보건당국에서 우리 아이캠프를 불허한다는 통고를 해왔다. 우리는 이미 도착한 상태였다. 그때도 잠잠히 라오스 당국의 뜻에 따랐다. 아이캠프는 열지 못했지만, 대신 1년 전 우리가 수술을 해주었던 고산족 남매인 분미와 찌안의 가족을 초대해 루앙프라방 야시장을 구경시켜 주면서 즐거운 시간을 가졌다.

인도네시아에서는 공항에 붙잡혀 있기도 했고, 투르크메니스탄에서도 수술을 못한 적이 있다. 우리에게는 말도 안 되는 부당한 트집이라고 생각되지만, 나라마다 다 이유가 있고 원칙이 있는 법이다. 그런 대접을 받더라도 우리는 그들을 하나님의 자녀들로 대접해 주어야 한다. 하나님은 우리 계획과는 다른 뜻을 가지고 계실 수도 있다.

언젠가 미얀마공항에서 비행기를 갈아타려고 기다릴 때였다. 공항 안의 서점을 돌아보다가 미국 최초의 미얀마 선교사 아도니람 저드슨이 쓴 책을 발견했다. 40-50쪽짜리 등사기로 민 소책자였다. 당시 미얀마는 금수조치로 물자가 귀한 시절이었다. 아도니람 저드슨은 1812년 2월 갓 결혼한 아내 낸시와 동료 선교사 부부 두 쌍과 함께 미국을 떠나 배를 타고 인도로 향한다. 4개월이 걸려 캘커타에 도착했지만, 동인도회사의 방해로 추방 명령을 받고 계획에도 없던 미얀마 양곤으로 가는 배를 타게 된다. 아도니람 저드슨은 미얀마에서 혹독한 고난을 겪으면서도 생애 마지막까지 그곳에서 선교를 했다. 감옥에도 들어갔고, 아내와 자식들을 잃었으며, 우울증을 앓기도 했다. 미얀마로 가는 것은 그의 계획이 아니었으나 하나님의 뜻에 순종한 아도니람은 죽을 때까지 미얀마에서 성경을 번역하고, 미얀마어 사전을 만들며 선교 사역에 헌신했다.

나 역시 파키스탄부터 아이캠프를 열 계획은 아니었지만 하나님은 그곳부터 사역을 시작하게 하시고 지금까지 37개의 나라를 다니게 하셨다. 처음 시작할 때는 까다롭게 굴던 몇몇 나라가 지금은 우리 비전케어 팀이 공항에 도착하면 군인과 경찰이 탄호위차량을 보내 준다. '하나님께서 가라' 하시는 곳으로 간다. 그리고 주님은 무엇이든지 남에게 대접을 받고자 하는 대로 남을 대접하는 것이 율법이요 선지라라고 하셨다.

치칸카타 가는 길

올해는 잠비아 현지 상황을 좀 더 이해하기 위해 루사카 안과병원이 정기적으로 의료봉사를 나가는 치칸카타라는 마을로 가서 이동진료를 하기로 했다. 치칸카타는 루사카에서 135킬로미터 떨어진 시골 마을이었다. 가는 길에 사탕수수가 많이 보였다. 잠비아의 농장에는 짐바브웨와 달리 사탕수수를 많이 재배하고 있었다.

권 목사님과 함께 오토바이를 타고 이동했다. 중간에 구덩이가 많은 비포장도로가 있어 조심해야 했다. 그런데 나나 권 목사님이나 오토바이 타는 실력이 일취월장했다. 깜깜한 밤에도 달렸는데, 환한 대낮인들 무슨 문제가 있겠는가. "이쯤이야" 하면서 가볍게 넘어갔다. 돌길에서는 아예 서서 타기도 했다. 몸에 오는 충격이 훨씬 덜했다.

치칸카타 마을에는 1947년에 세워진 구세군병원이 있었다. 병원 마당에는 오래된 종과 작지만 잘 가꾸어 놓은 정원이 있었고, 병원 안에는 고풍 어린 집기들이 갖춰 있었다. 환자 대기실 벽에는 아프리카 마을의 정겨운 풍경이 그려져 있었다.

복도에 있는 검은 석판에는 "이 병원은 하나님의 영광과 사람들의 고침을 위해 설립되었다"는 문구와 선교사의 이름이 새겨져 있었다. 병원 근처에는 간호학교까지 있었다. 그 옛날, 교통수단도 없고 오기도 힘든 이곳 아프리카 시골에 의료 선교사로 자원하여 온 분들이 참 대단하다는 생각이 들었다.

병원에는 안과 간호사가 환자들을 모아 놓고 있었다. 환자들은 옷을 잘 차려입고 왔다. 이렇게 하는 것이 잠비아식 예의라고 했다. 낡은 양복이었지만 흰 와이셔츠에 빨간색 넥타이와 보라색 모자로 멋을 낸 할아버지, 짙은 푸른색 머플러를 머리에 두른 할머니도 있었다. 초록색, 빨강색, 파랑색, 보라색 등 아프리카 사람들은 우리가 감히 소화할 수 없는 원색이 참 잘 어울렸다.

무엇보다 아름다운 것은 활짝 웃는 미소였다. 그분들 가운데 수술이 가능한 환자들 20명을 결정해서 루사카 안과병원으로

치칸카다로 가는 비포장도로를 서서 주행하는 모습. 어느새 오토바이 실력이 일취월장했다.

치칸카타 구세군병원 앞에서 진료를 기다리는 사람들.

차칸카타 구세군병원 복도에 있는 검은 석판. "이 병원은 하나님의 영광과 사람들의 고침을 위해 설립되었다."

가는 버스에 태워 보냈다. 입원을 시켜 수술을 하고 그다음 날 진료까지 본 다음 집까지 다시 태워 보낸다고 했다. 교통수단이 여의치 않고 눈이 안 보이는 환자들로서는 참 고마운 서비스였다. 이 차량은 고물이 된 이전 차량을 팔고 작년에 닥터 제니 유의 미국 친구들이 헌금을 보태서 구입한 차였다.

루사카 안과병원의 이런 시스템이 좋았다. 나도 처음에는 의료장비를 갖춘 버스를 마련해서 평생 안과의사를 만날 수 없

루사카 안과병원으로 이송되는 버스에 탄 환자들.

는 아프리카 오지로 들어가 수술을 해주려는 계획을 가지고 있었다. 그러나 직접 아프리카에 와보니 민감한 수술 장비를 싣고, 비포장에 험하고 좁은 길을 다니기가 쉽지 않다는 것을 실감했다. 어떤 곳에서는 기증받은 이동병원 차량이 턱이 낮아 운행을 못하고 있는 것을 보았다. 그래서 세운 계획이 수술이 가능한 병원들과 협력하고, 우리가 갈 수 없는 곳에 있는 환자들을 모아 오

는 것이었다.

비전케어는 우리가 들어가는 나라의 협조뿐 아니라 가난하고 소외된 지역에서 사역하는 한국인 선교사들에게도 연락을 해 그곳의 환자들을 보내 달라고 미리 통지문을 보낸다. 많은 선교사가 자신이 사역하는 지역에 있는 환자들을 기꺼이 보내준다. 나는 이렇게 하는 것이 오지에 사는 가난한 사람들에게 수술의 기회를 주는 것이고, 또 내가 할 수 있는 선교의 한 가지 방법이라고 생각한다.

치칸카타에서 돌아오는 길에 배가 너무 고파 슈퍼마켓에 들렀다. 마침 조리된 치킨을 살 수 있어 길거리에 앉아 먹으면서 지나가는 사람들도 보고 차들도 구경했다. 현지인들은 길에 앉아서 치킨을 먹는 우리를 구경했다.

왕복 270킬로미터 중 90킬로미터를 흙길로 달렸더니, 권 목사님의 오토바이가 탈이 나버렸다. 가끔 엔진 파워가 떨어진다고 했다. 이곳저곳 체크를 했지만, 특별한 원인을 찾지 못했다. 에어 필터도 엔진오일도 깨끗했다. 그렇다면 주님이 어떤 계획을 세우고 계신 것일지도 몰랐다. 오토바이를 수리하는 가게를 찾다가 한 곳을 알게 되었다. 마침 그곳에서 일하는 백인 청년이 목사님의 오토바이를 손봐 주었다. 그 청년은 1980년에 스위스에서 잠비아로 온 선교사의 아들이었다. 이런 일이 과연 우연일까? 앞으로 어떤 일이 생길지 기대가 되었다.

스무 살 청년 브루스

치칸카타에서 수술하기로 결정한 환자들을 싣고 루사카 안과병원으로 돌아오는 길에 갑자기 이동버스 운전기사가 차를 세웠다.

꼭 수술을 받아야 할 사람이 있다면서 차를 세운 곳에서 붉은색 옷을 입은 인상 좋은 아주머니가 두 눈을 못 보는 청년의 손을 잡고 버스에 올랐다. 브루스와 그의 형수였다. 두툼한 입술에 코가 우뚝하게 잘생긴 스무 살 청년 브루스는 누군가의 도움 없이는 혼자서 움직일 수가 없었다. 두 눈 모두 실명 상태였다.

　태어날 때부터 그런 것은 아니었다. 10여 년 전쯤, 브루스는 친구들과 놀다가 지붕에서 떨어진 쇳조각이 오른쪽 눈에 박히는 사고로 시력을 잃었다. 몇 년 후 설상가상으로 사촌동생이 휘두른 식기에 맞아 왼쪽 눈마저 큰 상처가 나고 말았다. 그 눈은 외상성 백내장으로 악화되어 결국 두 눈 모두 볼 수 없게 되고 말았다. 곧장 병원으로 갔으면 어느 정도 치료가 되었을 것이다. 그러나 브루스의 아버지는 그가 어릴 때 세상을 떠났고, 엄마는 브루스를 남기고 어디론가 떠나 버렸다.

　혼자가 된 브루스는 형수의 손에서 자라게 되었다. 형수는 마치 엄마처럼 사랑으로 그를 돌봐 주었다. 형수도 넉넉한 형편은 아니었다. 그녀는 나무를 태워 숯을 만드는 고된 일을 했다. 숯이 많이 팔리는 겨울이면 한 달에 200콰차(2만 원) 정도를 벌었지만, 여름이면 이마저도 벌 수 없었다. 병원에 가서 브루스의 눈을 수술해 주고 싶어 적은 돈이라도 모으고 있었지만 10만 원 이상 드는 비용은 쉽게 마련되지 않았다.

　브루스는 친구들이 아침마다 학교에 가며 웃고 떠드는 소리를 숨어서 들었다. 브루스는 자신의 눈을 다치게 한 친구나 동생을 원망하지 않았다. 비록 앞을 볼 수는 없지만 튼튼한 두 다리로 걸을 수 있고, 무엇보다 자기를 아껴 주는 형수가 옆에 있다는 것만으로도 감사하다고 했다. 그러나 하루 종일 집 안에만 있어야 하는 브루스는 평생 이렇게 살아야 하나 하는 비관적인 생각이 점점 많아지게 되었다. 이때 놀라운 일이 생긴 것이다. 한국에서 온 안과의사들이 무료로 눈 수술을 해준다는 소식이었다.

형수는 수술실로 들어가는 브루스를 꼭 안아 주었다. 수술 준비를 하면서 그에게 물었다. "떨리지 않니?" 브루스는 "약간 떨려요. 병원엔 처음 오는 거라 모든 게 낯설고 무서워요"라고 겁을 냈다. 나는 괜찮을 거라고 말해 주었다. 기대에 찬 밝은 얼굴로 브루스가 말을 이었다. "조금은 볼 수 있겠지요? 완벽하게 볼 수 없더라도 선생님을 원망하지는 않아요."

착한 브루스와 엄마처럼 다정한 형수.

두 눈이 멀고, 부모도 없이 가난한 형수 밑에서 학교도 다니지 못했는데 심성이 성숙하고 고왔다. 수술은 잘되었는데 외상성이라 예후는 기대만큼 좋지 않았다. 시력을 완전히 되찾지는 못할 것 같았다. "그냥 빛이라도 볼 수 있어도 감사해요. 다시 볼 수만 있으면 책도 읽고 학교에 가서 공부하고 싶어요. 그리고 교회에 가서 하나님께 감사 예배를 드릴 거예요." 브루스의 미래는 다시 하나님의 손으로 돌아갔다. 이 나라의 평균 수명이 35세라는 것이 더 슬퍼지는 순간이었다. 부디 전능하신 손으로 그의 눈을 안수하여 주시고 가여운 청년의 소망을 들어주시기를.

곤야마 교수

잠비아 루사카병원에서 아이캠프를 여는 동안, 곤야마 교수가 87세로 별세했다는 소식을 들었다. 일본인이지만 그가 사랑하던 태국에서 돌아가셨다. 곤야마 교수는 내가 15년 전 비전케어를 처음 시작했을 때 글로벌 헬스(Global health)에 대해 가르쳐 주신 분이다. 나에게 단순히 수술만 해주는 아이캠프만 하지 말고, 저개발국의 의사들을 교육시키는 장기적인 계획을 세우라고 충고했다. 특별히 WHO와 같은 세계기구와 일을 함께해 보라고 했다. 지금의 비전케어를 만들고 구체적인 운영계획을 세워 올바른 길을 갈 수 있도록 실제적인 지침을 준 분이다. 또 곤야마 교수는 캄보디아와 태국, 파키스탄, 라오스, 몽골에 있는 많은 분을 소개해 주었다. 또한 일본 자이카(JAICA)가 기증하고 사용하지 못하던 장비들을 우리가 가서 설치도 하고 사용하는 법을 현지 의사들에게 알려 주라고 했던 말씀이 기억이 난다.

곤야마 교수는 독특한 이력을 가진 분이다. 일본 도쿄에서 태어났지만 태국에서 공부를 했다. 쑤앙 꿀랍 대학을 나오고 출라롱콘 대학에서 프리메디칼을 이수한 뒤 씨리랏 병원의 의학학부를 졸업하여 의사가 되었다. 그 후 도쿄 준텐도 대학에서 안과 훈련을 받았고, WHO에서 일했다. 존스홉킨스 대학에서 보건학 석사 학위를 취득하고 생물통계학을 가르쳤다.

곤야마 교수는 일본에서의 편안한 의사 생활 대신 태국의 의료시스템을 개선하기 위해 라마 티 보디 병원의 교수로 있으면서 태국 북동부의 농촌 지역의 실명 예방을 위한 국가 프로그램을 만들었다. 유명한 '코랏 코스'(Korat Course)라는 교육 시스템이다. 코랏 코스는 안과의사가 귀한 저개발국에서 중간 수준의 안과 진료요원을 교육시켜 실명과 안과치료 예방과 관리를 하는 것이다. 이 시스템은 지역사회의 눈 건강 상태를 개선하고 지역의 네트워크를 만드는 데 크게 기여했다. 이 성공으로 그는 실명 예방 공중보건의의 영웅으로 불리며 많은 상을 받았다.

나라와 기관을 떠나 서로 협력하여 환자들을 위해 의료진 교육이 중요하다고 늘 강조했는데, 정말 많은 제자가 세계 각국의 안과에서 그의 열정적인 유산과 가르침을 따르며 중요한 역할들을 감당하고 있다.

돌아다니다 보면 이 나라, 저 나라의 공항에서 교수님을 우연히 만날 때가 종종 있었다. 마지막으로 만난 것이 7-8년 전쯤 파키스탄의 라호르 공항이었다. 작은 체구에 낡은 가방을 들고 다니지만, 누구보다 큰 비전을 가지고 사심 없이 실명 위기에 처한 환자들을 위해 일하던 그 어르신이 진심으로 그립다.

나는 좋은 스승을 많이 만났다. 학교에서뿐 아니라 비전케어 활동을 하면서 만난 분들이다. 내게 겸손을 가르쳐 준 파키스탄의 닥터 지아우딘 교수는 평생 잊을 수 없다. 닥터 지아우딘 교수는 2002년과 2003년, 파키스탄 카라치에서 만났다. 70세 정도로 상당히 연로했던 그는 시립병원 의사였다. 당시 파키스탄 정부병원 의사는 월급이 없는 명예직이었고, 돈은 퇴근 후에 개인병원에서 벌었다. 실제로 그의 개인병원에 가보니 정말 형편이 어려웠다.

그때 나는 명동에서 백내장, 라식, 라섹 수술을 하며 돈을 많이 벌던 시절이었기에 그에게 한 가지 제안을 했다. "내가 당신에게 대가 없이 투자를 할 테니, 우리 동업하도록 합시다."

내 의도는 그와 동업을 해서 이익금을 가지려는 것이 아니었다. 나는 순수하게 그를 돕고 싶었다. 그런데 내 제안을 들은 그가 정색을 하며 말했다. "나는 의사입니다. 나는 비즈니스맨이 아닙니다. 내가 의사라는 것에 만족하고 있습니다." 뒤통수를 세게 맞은 것 같았다. 얼굴이 뜨거워지고 너무 부끄러워 땅속으로 숨고 싶었다. 돈 좀 벌었다고 어느새 나도 모르게 속물 의사가 된 것 같았다. 모두 돈을 많이 주는 외국으로 나가고 싶어 했는데 파키스탄에서 이런 분을 만난 것은 처음이었다. 나는 닥터 지아우딘에게 진심으로 사과를 했다. 그 이후로 다시는 그런 실수를 하지 않는다.

또 다른 파키스탄의 훌륭한 의사 닥터 알리를 생각하면 지금도 마음이 무너진다. 파키스탄 라호르 국립병원 안과 과장인 알리 하이더 박사는 2005년, 우리가 라호르에서 아이캠프를 열 때부터 함께 한 분이다. 그는 파키스탄의 킹 에드워즈 대학을 나오고 영국에서 공부했다. 영국에서 안과의사로 편히 살 수 있는 그가 파키스탄으로 돌아온 것은 단지 조국을 사랑하기 때문이었다. 그는 무슬림이었지만, 크리스천인 나와 친하게 지냈다. 우리 팀을 자기 집에 초청하기도 했고, 한국에서 부부가 같이 우리 집을 방문한 적도 있다. 2013년 2월 18일, 그는 아들을 학교에 데려다주는 길에 반시아파 괴한들의 총격을 받고 아들과 함께 그 자리에서 사망했다. 그의 장례식 날, 파키스탄 전역의 안과가 다 문을 닫았다. "사람을 섬기는 것이 기도"라고 말하던 그를, 나는 친구요 스승으로 삼았다.

인턴을 마치고 음성 꽃동네 병원에서 공보의로 일할 때도 좋은 선배 의사들을 만났다. 그 가운데 우리나라 방사선과의 개척자이자 경희대 총장을 지낸 안치열 교수님이 있다. "저는 일생장(長) 자리는 다 차지한 불행한 사람입니다. 제게 장 자리가 아닌 아무 자리나 하나 주시면 가난한 이들을 위해 기쁘게 봉사하겠습니다." 그분이 정년퇴직을 하고 꽃동네 병원으로 자원하여 오면서 한 말씀이다.

안 교수님은 총장 재임 시절에 심장마비로 죽음을 체험했다. 응급실로 실려가 죽어 있는 자신의 육체에 의사가 심폐소생술을 하는 것을 공중에서 보았다고 한다. 그리고 아주 밝은 곳에서 예수님을 만났고, 아직 할 일이 남아 있다는 말씀을 듣고 다시 살아났다고 한다. 돈에 욕심이 없고, 겸손하고, 늘 공부를 하는 교수님이었다. 그는 꽃동네 병원에서 10년을 일하고 천국으로 가셨다.

신상현 수사님도 생각난다. 내과전문의로 봉사하러 꽃동네에 들어왔다가 예수의 꽃동네형제회에 들어가 종신서원을 하고 수사가 된 분이다. 나의 의대 선배인 그분은 정말 열정적으로 환자들을 돌보았다. 가난한 이웃을 위해 살라는 선친의 유언대로 수사님은 지금도 꽃동네에 있다.

가톨릭의과대학에서 나에게 안과를 전공하게 해준 김재호 교수님은 말할 것도 없다. 안과 전문 지식뿐 아니라 인간적인 면과 성품, 신앙 모든 것을 배웠다. 최근까지 교수님은 우리 병원에서 함께 환자를 돌보셨다. 내가 아프리카로 떠난다는 소식을 듣고 편찮으신 몸으로 명동에 나와 점심을 사주기도 하셨다.

곤야마 교수를 소개해 준 구본술 교수님도 훌륭한 분이다. 우리나라에서 처음으로 한국 실명예방재단을 만드셨다. 현재 91세인데 아직도 정정하셔서 매해 손으로 직접 쓴 시 한편을 보내 주신다. 절약정신이 투철한 분이라 꼭 이면지를 쓰신다. 인생의 터닝 포인트에서 좋은 선생님을 만난다는 것은 하나님이 주신 큰 복이다.

작은 천국의 꽃, 자원봉사자

잠비아 루사카 아이캠프에 예상치 못한 분들이 자원봉사자로 와 주었다. 남아공에서 열렸던 유스 코스타에서 만난 전수진 간호사가 아프리카를 여행 중인 임효훈 씨와 일본 청년 야마 씨와 함께 자원봉사로 참여했다.

전 간호사는 아이캠프를 마친 후 비전케어에서 나오는 웹진에 이렇게 썼다.

"한국과 비교할 수 없는 열악한 의료시설과 환경 속에서도 모든 스태프들의 열정, 의지 그리고 사랑을 느낄 수 있었습니다. 첫 수술을 시작하기 전에 김동해 원장님께서 환자의 이름을 부르며 하나님께 기도하시는 모습을 보니 순간 마음이 뭉클해지며 이 먼 땅 아프리카에 와서 이들을 위해 시간과 물질, 정성을 내어 헌신하는 것은 우리가 받은 하나님 사랑을 실천하기 위함이라는 깨달음이 있었습니다.

하루에 43명의 환자들을 수술하는 바쁜 수술실 현장에서 문득 바라본 수술대 위엔 긴장이 역력한 아프리카 환자들이 누워 있었습니다. 다른 피부색을 지니고, 말도 통하지 않는 그들에게 예수님의 사랑을 실천하는 스태프들 모두가 천사처럼 보였습니다.

밥 먹는 시간을 아껴 가며 집중하여 수술하시는 의사 선생님들 그리고 그 옆에서 뛰어다니며 일하시는 간호사 선생님들, 묵묵히 자기의 역할에 최선을 다하는 자원봉사자들이 한데 어우러져 아름다운 기적을 만들어 내는 그곳은 작은 천국이었습니다. 제가 그 현장에 있다는 사실 자체가 감사였습니다.

어떤 환자는 수술이 끝나자마자 박수를 치며 감사 표현을 하고, 어떤 환자는 저를 얼싸안기도 하였습니다. 우리의 작은 수고로 이들에게 큰 기적을 만들어 줄 수 있다는 사실이 어찌나 감사했는지 모릅니다. 이들을 돕기 위해 지원한 봉사였지만, 오히려 제가 더 큰 사랑을 안고 돌아갑니다. 감사합니다."

임효훈 씨도 감상을 썼다.

"세계 여행 중 캄보디아 시엠립에 있는 다일공동체에서 제 인생 첫 해외봉사를 한 적이 있었습니다. 단 하루의 짧은 시간이었지만 캄보디아의 많은 유명한 유적지보다 더 큰 추억을 갖게 되었습니다. 아프리카 여행 중 전수진 자매에게 비전케어를 소개받아 3일간의 봉사활동을 하게 되어 너무 행복했습니다.

타지에서 피부색이 다른 어려운 이들에게 봉사를 하는 모습에 감동을 받았고, 한 분 한 분 불평불만 없이 감사함으로, 웃는 모습으로 일하시는 모습에 또 한 번 감동받았습니다. 제가 했던 일은 수술을 하는 의사 선생님들, 간호사분들이 하는 일에 비하면 정말 작은 일이었지만 그 작은 일이라도 확실하게 도움이 되고 싶어 최선을 다했습니다.

수술 전 환자들의 긴장을 풀어 주고 싶어 계속 소통하며 웃음을 주었고, 몇몇 환자들이 수술 후 웃으며 고맙다고 하는 말에 너무 기쁘고 뿌듯하고 한편으로 가슴이 찡하기도 했습니다.

이번 봉사활동을 하면서 설명하긴 어렵지만 많은 것들을 깨닫고 배워 갑니다.

다른 대륙에서 다른 언어를 사용하는 다른 인종에게 도움을 줄 수 있다는 것에 많은 보람을 느꼈고, 짧은 시간이었지만 좋은 분들과 함께 좋은 일을 하고 있다는 것에 자랑스러웠습니다. 이런 기회를 주신 비전케어 모든 분들에게 감사함을 전합니다. 앞으로의 비전케어 모든 일정에 하나님의 인도하심이 있기를 소망합니다."

야마 씨도 "정말 뜻깊은 시간이었다"고 말했다.

봉사의 꽃인 자원봉사자들과 함께.
(왼쪽부터 나, 임효훈, 야마, 전수진, 권 목사님)

유스 코스타에서 만난 남아공 케이프타운에서 사역하는 김토성 선교사도 잠비아로 와서 봉사를 해주었다. 김 선교사는 미국 어바인의 벧엘 교회에서 남아공으로 파송된 분으로 예전에 안경 선교를 한 적이 있다고 한다. 우리 사역에 관심이 많아서 같이 동역하면 좋을 것 같았는데 잠비아까지 와서 봉사를 해주니 얼마나 고마웠는지 모른다.

잠비아에서 안경점을 하다가 사업가로 성공한 박익성 한인회 회장님, 한국 식당 겸 게스트하우스인 대장금의 사장님, 현지 선교사회와 굿네이버스 단원들, 그리고 환자와 보호자로 와서 통역을 해준 자매들, 선교사며 루사카 안과병원 제니 유 병원장과 그 밑에서 수업을 받는 레지던트지만 적극적으로 배우고 환자들에게 따뜻했던 닥터 닉. 어디를 가도 하나님이 예비하신 분들이 있어 사역이 이루어지는 것을 보면 감사하다.

내가 공보의로 있었던 꽃동네 병원에서 버림받은 사람들을 돌보는 분들도 자원봉사자들이었다. 물론 수사와 수녀님, 의사들도 있었지만 하루 종일 그들 옆에서 똥과 오줌을 받아 내고, 음식을 먹여 주고, 몸을 닦아 주고, 말을 붙여 주고, 위로해 주는 분들은 이름도 없이 대가도 없이 묵묵하게 일하던 자원봉사자들이었다.

병원에 없는 치과 같은 진료 과목은 주말에 근처 개업의들이 자원봉사로 와주었다. 가족과 함께 쉬고 싶을 텐데 그곳에 와서 환자를 돌보던 그 의사들은 참 의사들이었다. 피를 나눈 가족들은 환자들을 버리고 가는데, 어떻게 자원봉사자들은 그런 따뜻한 마음을 품고 피와 고름과 오물이 튀는 사람들을 돌볼 수 있는 것일까? 자원봉사는 '손과 발과 땀으로 하는 기도'였다. 나는 꽃동네 병원에서 자원봉사의 가치와 기쁨을 알게 되었다.

후에 내가 비전케어를 만들게 된 것도 꽃동네에서 받은 영향이 적지 않다. 비전케어는 설립 후 지금까지 200여 명의 자원봉사 안과의사들과 3,000명이 넘는 일반 자원봉사자들의 수고로 운영되고 있다. 하나님의 나라는 걱정하는 사람들보다 순종하는 사람들을 통해 이루어진다는 것을 다시 한 번 깨닫는다.

그분들은 작은 천국에 피어 있는 '꽃'이다. 그 향기와 고운 마음을 하나님께서 기쁘게 받아 주실 것이다.

드디어 소녀가 웃었다

잠비아 루사카 안과병원에서 86명을 수술했다. 중학생부터 고령의 할아버지와 할머니까지 많은 사람이 시력을 되찾았다. 그분들 모두 "고맙다"고 인사를 해주었다.

아이캠프 내내 얼굴이 굳어 있던 십대 소녀가 있었다. 한 눈은 선천성 백내장이었고, 다른 눈은 외상성으로 온 백내장이어서 오른쪽 눈만 희미하게 보이는 정도였다. 빨간색 니트를 입고 있었는데, 아이캠프 내내 입을 꾹 다물고 검고 큰 눈을 부릅뜨고 있었다. 보통 아프리카 사람들은 잘 웃고 유쾌한데 이 소녀는 전혀 웃지 않아 인상이 험악해 보였다. 그 소녀가 수술을 받고 나서 마지막 경과 관찰을 하는 날이었다. 마침 우리 팀 봉사자가 재미있는 몸동작을 하며 주위에 앉아 있던 환자들을 웃기자 소녀가 살며시 미소를 지었다. 눈이 밝히 보인다는 증거였다.

'드디어 웃는구나.' 눈이 보이니 미소도 찾게 되었다. 그동안은 눈이 잘 보이질 않는 데다가, 생전 처음 경험하는 수술 때문에 긴장해서 더 얼굴이 굳어 있었던 것 같다. 소녀의 미소를 보는 우리의 마음도 따뜻해졌다.

이 소녀를 보고 있자니 예전에 라오스 루앙프라방에서 만난 아이들이 생각났다. 앞서 언급한 분미와 찌안 남매였다. 남매는 두 눈 모두 백내장으로 볼 수 없었다. 차로 9시간이나 떨어진 산속에 사는 고산족 아이들이었다. 한창 뛰어놀고 학교에서 공부해야 할 12세와 14세의 나이였는데, 2년 전부터 눈이 안 보여 학교도 못 가고 밥도 스스로 먹지 못해 다른 사람의 도움을 받아야 했다. 4명의 아이들 가운데 첫째와 둘째가 백내장이니 부모의 마음은 더욱 무거웠을 것이다.

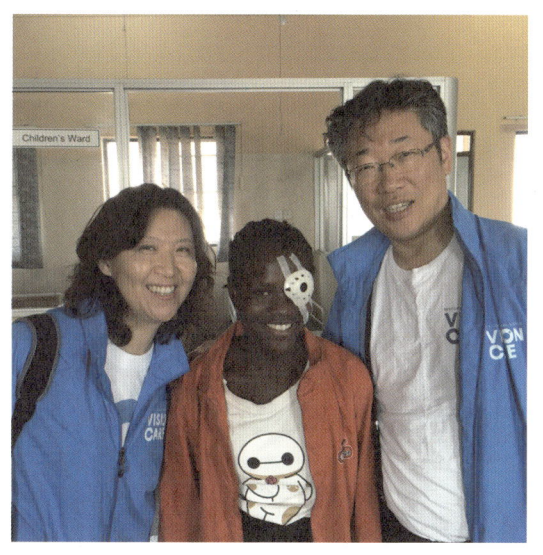

미소를 되찾은 소녀를 보는 우리의 마음도 따뜻해졌다.

분미와 찌안은 병원에 입원을 하고 수술을 기다렸다. 두 아이 역시 웃음이 없고 얼굴이 어두웠다. 아이들은 원래 전신마취로 수술을 해야 했지만 사정이 허락하지 않아 부분 마취로 수술했다. 나이에 비해 몸이 작아 수술이 부담이 되었을 텐데도 분미와 찌안은 잘 참아 주었다. 혼탁했던 두 아이의 수정체를 깨끗한 인공수정체로 갈아 끼웠다. 20분 만에 까맣고 맑은 눈동자를 되찾았다. 아이캠프 마지막 날, 스스로 숟가락을 쥐고 밥을 먹는 분미와 찌안을 보며 남매의 아버지는 정말 기뻐했다. 아이들도 미소를 되찾았다.

다음 해 우리가 라오스에서 수술이 허락되지 않아 아무 할 일이 없었을 때, 분미와 찌안의 가족 모두를 루앙프라방에 초대했다. 우리는 그들과 함께 야시장을 구경하고 옷도 사입으면서 즐거운 시간을 보냈다. 게스트하우스에서 하룻밤을 지내면서 분미와 찌안의 가족은 생전 처음 목욕탕을 봤다고 한다. 아이들은 목욕탕에서 나올 생각을 하지 않았다. 분미와 찌안의 소식은 현지에서 사역하는 분들로부터 계속 듣고 있다. 아이들은 이제 학교도 다니고 뛰어다니면서 놀기도 잘하고 공부도 열심히 한다고 한다.

잠비아에서는 한인 게스트하우스에서 정말 편안하게 지냈다. 따뜻한 물도 나오고, 전기도 끊기지 않고, 맛있는 한식을 매일 먹었다. 한국에 있을 땐 당연했던 것들이 이렇게 고마울 수 없었다.

잠비아에서 사역하는 한국 선교사들과 교민들, 목사님들, 굿네이버스 간사들에게 저녁식사를 대접했다. 교파와 상관없이 많은 분이 오셔서 함께 이야기를 하면서 친교를 나눴다. 최근 들어 가장 많은 한국 사람이 모인 것이라고 했다. "교회를 다니다 말다 한다"고 한 한인회 회장님을 비롯해, 교회에 안 다니는 분도 많이 오셨다. 이번 아이캠프에 그분들의 도움이 컸다. 예수님 안에서 연합하는 아름다운 식사 교제였다.

우리가 수술을 해주지 못한 환자들을 위해 의약품들을 루사카 안과병원에 기증했다. 루사카 안과병원 원장인 제니 유는 우리가 갔을 때 만삭이었다. 셋째를 임신한 상태였다. 부른 배로는 힘이 들 텐데 열심히 수술도 하고 아웃 리치도 나가 환자를 돌봤다. 2017년에는 제니 유도 이곳 사역을 마치고 하와이로 돌아갈 것이다. 어떤 의사가 후임으로 오게 될지 아무도 모르지만 이곳에 안과질환으로 실명하는 환자들이 있는 한 하나님의 사역이 멈추지는 않을 것이다.

아프리카에서는 천천히 달려야 한다

잠비아를 떠나 말라위로 이동했다. 말라위 국경까지는 558킬로미터를 달려야 했다. 당시 잠비아는 대통령선거를 앞두고 열기가 뜨거웠다. 8월에 대선과 총선이 열린다고 했다. 민주주의의 역사가 길지 않은 아프리카에서는 선거가 있을 때마다 정치사회적으로 큰 혼란을 겪는다. 선거 운동원들은 달리는 차의 문을 열고 한 발만 걸친 채 서서 유세를 하거나, 아예 차량 지붕에 올라가 지지하는 후보들의 플래카드를 열광적으로 흔들어 댔다.

잠비아의 국기는 초록색 바탕에 빨강과 검정, 주황색 삼색 선이 있고, 그 위에 독수리가 날고 있다. 초록색은 풍부한 천연자원, 빨강색은 자유를 위한 투쟁, 검은색은 국민, 주황색은 광물자원을 뜻한다.

잠비아는 1964년 영국으로부터 독립했다. 비동맹중립노선의 국가였지만, 사회주의를 선택했다. 잠비아는 우리보다 먼저 북한과 수교를 맺었다. 기독교 국가인 잠비아는 아프리카 사회주의에 기독교 정신을 더해 잠비아식 휴머니즘을 실행한다고 했는데, 최근엔 서구식 자본주의로 방향을 틀었다고 한다. 안타까운 것은 잠비아에도 새로 지은 모스크가 눈에 띄게 늘어나 있었다. 공식적으로는 인구의 70퍼센트가 예수님을 믿는 기독교 국가인데 어쩌다가 이렇게 된 것인지 답답했다.

가도 가도 끝이 없어 보이는 길을 달려갔다. 광활한 대륙이

도로 옆의 황토집들이 잠비아의 사정을 보여 주고 있었다.

었다. 굽이굽이 강원도와 비슷한 산길과 강도 건넜다. 수도를 벗어나니 마른 풀로 지붕을 엮은 황토집들이 국민의 60퍼센트가 빈곤층, 그 가운데 40퍼센트가 넘는 사람들이 극빈층인 잠비아의 사정을 보여 주고 있었다.

오전 10시 20분에 루사카를 출발했는데 몇 시간을 가도 주유소나 식당이 보이지 않았다. 시골 도로변에 오토바이와 차를 세웠다. 지나가는 사람이 우리가 아프리카 1번 도로에 있다고 알려 주었다. 남아공 케이프타운에서 북쪽 끝인 이집트의 카이로까지 뻗어 있는 도로였다. 마른 풀밭에 앉아 한인 게스트하우스 사장님이 싸주신 김밥을 먹으며 잠시 쉬었다. 이전에 본 가난한 황토집은 잠시 잊고, 사람의 손이 닿지 않은 태초의 아름다움을 간직한 아프리카의 자연을 편안하게 감상하면서.

> 여호와 우리 주여
> 주의 이름이 온 땅에 어찌 그리 아름다운지요
> 주의 영광이 하늘을 덮었나이다 (…)
> 주의 손가락으로 만드신 주의 하늘과
> 주께서 베풀어 두신 달과 별들을 내가 보오니
> 사람이 무엇이기에 주께서 그를 생각하시며 (…)
> 그를 하나님보다 조금 못하게 하시고
> 영화와 존귀로 관을 씌우셨나이다 (…)
> 여호와 우리 주여
> 주의 이름이 온 땅에
> 어찌 그리 아름다운지요

잠비아에 도착한 다음 날, 주일예배에서 목사님이 들려주신 시편 8장 말씀이다. 바쁜 도시의 삶을 살다가 봉사를 하러 아프리카에 왔지만, 이 거칠고 아름다운 자연의 풍광을 감상할 틈도 없이 꽉 짜인 일정에 따라 분주하게 이동을 하고 하루 종일 수술하느라 바쁜 나에게 주시는 말씀이었다. 가끔은 하늘을 보라고. 가끔은 저 광활한 아프리카 대륙을 보라고. 그 위로 뜨고 지는 태양을 보라고. 길가의 관목과 야생동물을 보라고. 주님의 손으로 지으신 이 멋진 세상을 천천히 감상하라고. 그리고 그분의 사람에 대한 사랑을 느껴 보라고.

주님께서 특별히 이 말씀을 내게 들려주시는 것 같았다. "하나님과 너무 적은 시간을 보낸 나는 실패자다." 빌리 그레이엄 목사가 80세 생일을 맞아 래리 킹과의 대담에서 한 말이다. 사역보다 중요한 것이 하나님과 함께하는 시간이다. 충만하려면 분주함을 내려놓고 하나님을 바라봐야 한다.

몸과 마음이 편했던 잠비아보다 여정 가운데 가장 고생을 많이 한 짐바브웨 구투의 자주 하늘을 올려봤다. 구투의 길은 험하고, 춥고, 몸은 피곤했지만 하늘을 보면 하얀 강처럼 흐르던 은하수와 셀 수 없을 만큼 많은 별들이 그렇게 위로가 될 수가 없었다. 쏟아지는 별을 보며 하나님이 지으신 세상이 얼마나 크고 아름다운지, 내가 갖고 있는 고통과 문제는 얼마나 사소한 일인지, 그 안에 특별히 지음받은 우리 인간은 또 얼마나 귀한 존재인지, 그리고 하나님께서 먼지보다 더 작은 나를 사랑하셔서 생명을 주시고, 사명을 주시고, 예수님의 사랑을 알게 하셨으니 얼마나 좋은지를 떠올렸다.

'하나님, 지금 저와 함께하시는 거지요?' 하나님이 지으신 자연과 하늘만 바라봐도 은혜가 넘쳤다. 5년 전 나이로비 공항에 도착했을 때 봤던 광고판이 떠올랐다. "No Hurry in Africa (아프리카에서는 서두르지 마라)." 그렇다. 아프리카에서는 몸과 마음이 함께 천천히 가야 한다. 바람과 햇빛과 나무 냄새와 먼지 섞인 공기와 하얀 이를 드러내고 웃으며 손을 흔들어 주는 아이들의 미소를 즐겨야 한다. 가난해도 세계평화지수(GPI)가 아프리카에서 상위권에 드는 나라, 탐험가인 리빙스턴 선교사가 발견한 아름답고 웅장한 빅토리아 폭포가 있고 그의 심장이 묻혀 있는 잠비아와 이 나라 백성들에게 하나님의 인도하심과 위로가 있기를 기도했다.

눈을 떠요, 아프리카

4.

길에서 길을 배우다

제자들은 거기서부터 출발했다.
우선 그분을 스승으로 받아들였고, 이후 구주로 영접하는 일은 자연스러운 수순이었다.
즉 스승 예수님에서 출발했다.
우리 모두는 인생을 사는 법을 배워야 하기 때문이다.
- 달라스 윌라드

닥터 닉

'눈을 떠요 아프리카', 비전루트 1차 팀의 마무리를 말라위에서 하게 되었다. 남아공과 짐바브웨에서는 추웠는데 이제 한낮에는 섭씨 30도가 넘는 더위가 밀려온다. 점점 적도에 가까이 가고 있다는 증거다. 이동 팀은 말라위 세관을 쉽게 통과했는데, 의료장비와 약품을 실은 의료 팀은 직원들이 퇴근하는 바람에 짐이 묶인 채 하룻밤을 지내야 했다.

말라위로 들어서자 가장 먼저 눈에 띈 것은 민둥산이었다. 듣기로는 중국이 원조를 해주는 대신 이곳 나무를 많이 베어 간다고 했다. 하지만 가장 근본적인 이유는 말라위에서 숯을 땔감으로 쓰기 때문이다. 길가에는 숯가게가 즐비했다.

기름진 농경지에 관리가 비교적 잘 되어 있던 남아공이나 짐바브웨, 잠비아에 비해 말라위는 황량한 느낌이 들었다. 그러나 길가의 아이들은 우리가 손을 흔들면 수줍어하면서도 마주 흔들어 주었고, 사람들은 호기심이 가득한 눈으로 우리 오토바이를 구경하고 같이 사진을 찍자고도 했다.

말라위 수도 릴롱궤의 가장 번화한 도로를 달렸다. 한 시간 거리의 은코마 선교병원으로 가는 길이었다. 상행선, 하행선 두 줄뿐인 좁은 도로에 지나다니는 사람들과 차량이 엉켜 교통체증이 있었다. 4년 만에 온 릴롱궤는 너무 많이 바뀌었다. 길거리에 사람도 많고, 차량도 늘어나고, 건물들도 번듯해졌다. 그 사이에 이런 변화가 있으리라고는 상상도 못했다. 아프리카가 무섭게 발전하고 있었다.

말라위에서는 13개의 한국 NGO가 활동하고 있다. 아프리카 국가 중에서 가장 많은 숫자다. 아마도 이 나라가 아프리카에서 가장 가난한 나라로 알려져 있기 때문일 것이다. 말라위는 인구 1,300만 명 가운데 130만 명이 안질환으로 고통을 겪고 있지만, 안과전문의는 8명에 불과한 나라다. 우리 비전케어는 2009년과 2012년에 아이캠프를 이곳에서 열었었다.

　이번에 말라위를 방문한 것은 아이캠프를 열기 위해서가 아니었다. 은코마 선교병원에 야그 레이저(Yag Lager) 장비를 기증하러 온 것이었다. 4년 전 일이다. 말라위에서 아이캠프를 열었을 때, 닥터 닉(Nick)을 만나러 왔는데, 스와질란드의 닥터 폰즈가

땔감용 나무를 소달구지에 싣고 가는 청년들.

닥터 닉이 아프리카에서 가장 훌륭한 안과의사이자 영국 선교사라면서 꼭 만나보라고 권했기 때문이다.

　릴롱궤에서 아이캠프를 마치고 닥터 닉을 찾아갔더니 뜻밖의 소식이 우리를 기다리고 있었다. 닥터 닉이 우리가 도착하기 며칠 전에 말라리아에 걸렸고, 뇌에 손상이 생겨 움직일 수 없게 되었다는 것이었다. 닥터 닉이 사용하던 진료실과 수술실을 보

은코마 선교병원 전경.

고 있으니 그가 말라위의 가난한 사람들을 위해 흘린 땀과 기도가 고스란히 느껴졌다. 그리고 마지막 그의 생명까지 바친 것을 보며 마음에 감동이 왔다. 닥터 닉은 말라위뿐 아니라 근처의 잠비아와 모잠비크의 환자들을 차에 실어 병원으로 데려와 수술하고 치료를 해주었다. 1년에 5,000명 이상 백내장 수술을 해주었다고 한다.

은코마 선교병원은 100년 전 네덜란드 장로교 선교사들에 의해 세워졌다. 처음에는 말라위 호숫가에 있었는데 말라리아를 피해 고도가 높은 지금의 자리로 옮겨 왔다. 안과병원은 1955년에 생겼다. 은코마에는 병원뿐 아니라 교회와 신학교, 간호학교도 있었다. 붉은 벽돌로 단정하게 지은 병원과 마을에는 네덜란드의 선교사들이 남기고 간 흔적이 많았다.

말라리아에 대한 논문도 많이 쓴 닥터 닉이 말라리아에 걸려 생사가 불투명하다는 소식에 마음이 울적했었다. '이렇게 헌신적인 주의 종이 병이 들다니, 과연 하나님의 뜻은 무엇일까?' 인턴 시절, 어릴 때부터 나와 가장 친한 친구가 갑자기 심장마비로 죽었다. 가장 행복해야 할 결혼식을 코앞에 두고. 친구의 어머님은 권사님이셨는데 내게는 신앙의 어머니다. 권사님은 당신 아들과 함께 나를 데리고 부흥회에도 가시고, 앞으로 훌륭한 사람이 되라고 늘 격려해 주시면서 내가 가난으로 위축될까 봐 여러모로 도와주셨다. 그때도 "왜 하나님을 잘 믿는 사람에게 이런 고통이 오는 걸까?" 생각한 적이 있었다. 닥터 닉의 와병 소식에 또 한 번 그런 의문이 들었었다.

당시에 마을을 돌아보는데 어디선가 찬양이 들려왔다. 아름다운 화음이었다. 마치 영화 〈미션〉에 나오는 오보에 연주 소리처럼 사람의 마음을 파고들었다. 멋진 코러스에 이끌려 들어간 곳은 교회였다. 말라위 청년과 마을 주민이 모여서 찬양을 연습

하고 있었다. 어떤 깨달음이 왔다. 더 이상 이곳에는 네덜란드 선교사도 없고, 헌신하던 닥터 닉도 없다. 하지만 하나님의 역사는 말라위 사람들에 의해 계속 진행 중이었다. '주님은 일을 쉬지 않으시는구나.' 닥터 닉이 병이 든 것도 하나님의 섭리 안에서 이해해야 했다.

언젠가 나와 비전케어도 일을 멈출 때가 있을 것이다. 우리가 하는 일을 아프리카 현지 사람들이 감당하는 그날이 속히 와서 우리의 할 일이 없어지게 되는 것, 그것이 하나님의 뜻일 것이다. 은혜가 되었다.

당시에 은코마 선교병원 직원에게 우리가 도와줄 수 있는 것이 무엇인지 물었다. "후발성 백내장 치료에 필요한 야그 레이저가 필요합니다." 야그 레이저는 백내장을 제거하고 남은 수정체낭에 혼탁이 생겨 다시 뿌옇게 보일 때 이것을 제거해 주는 고가의 장비다. 어떻게든 구해서 보내 주고 싶었다. 때마침 이번에 내가 운영하는 안과병원에 레이저가 여유가 생겨서, 4년 전 약속했던 그 야그 레이저를 전해 주게 된 것이다.

하나님이 알고 계시는 이름들

드디어 은코마 선교병원에 도착했다. 백발에 푸른 눈을 가진 닥터 하르가 우리를 맞아 주었다. 감사하게도 이제는 말라위 현지인 안과의사인 닥터 타마라가 은코마 병원을 총괄하고 있었다. 닥터 타마라는 여성 의사로서 말라위에서는 손에 꼽을 만큼 실력 있고 유명한 안과의사다. 이분은 일주일에 두 차례 안과의사가 없는 근처 도와, 웅추, 살리마 지역으로 나가 수술과 안 검진이 필요한 환자가 있는지 돌아보고 있었다. 이 지역들은 말라위에서 특히 가난한 곳으로 주민들은 하루 1달러 미만으로 살아가는 곳이다.

환자들에게 돈도 문제지만 가장 큰 어려움은 병원으로 가는 교통수단이었다. 가난한 환자들이 은코마 병원으로 오기 위해서는 오랜 시간을 걷거나 버스를 타야 했다. 눈이 잘 보이지 않는 환자들은 걷기가 어렵고 그렇다고 버스를 탈 돈도 없었다. 은코마 병원에서는 이런 사람들을 무료로 수송해 줄 교통수단을 확보하려고 했으나 큰 비용이 들어 쉬운 일이 아니라고 했다. 그동안 운용하던 차는 너무 오래되어서 고장이 나 운행을 못하고 있었다. 갑자기 내 마음이 바빠지기 시작했다. 잠비아 루사카 안과병원의 제니 유의 친구들처럼 우리도 어떻게든 이곳에 새 차량을 사줄 수 있으면 좋겠다는 생각이 들었다.

또 다른 어려움은 훈련된 의료 인력의 부족이었다. 안과 진료의 모든 절차가 닥터 타마라에게만 집중되어 있기에 이미 과부하가 된 그녀를 도와줄 인력이 꼭 필요했다. 은코마 병원 관계자들은 비전케어가 진행하는 안과 의료진 트레이닝에 대한 얘기를 듣고 큰 관심을 나타냈다. 이 훈련은 현지 안과의사와 간호사에게 보다 발전된 백내장 수술 기법을 교육하고, 한국에서 전문 검안사를 파견해서 실습을 시켜 주고, 안과의사가 부족한 아프리카 현실에 맞는 안과 전문 간호사들을 교육시키는 프로그램이다.

은코마 병원은 의료진 트레이닝코스를 운영하기 위해 우리에게 협력을 요청해 왔다. 나는 시간을 내서 이곳 의료진에게 이번에 우리가 기증한 야그 레이저 사용법을 가르쳐 주었다. 이 기계가 말라위의 가난한 환자들에게 다시 한 번 빛을 선사하길 기도했다.

선교와 봉사는 시간이 오래 걸려야 열매를 맺는다. 100년 전 네덜란드 선교사들이 말라위에 이 병원을 짓고 봉사를 시작했을 때는 지금보다 더 비참한 상황이었을 것이다. 그분들은 먼 훗날, 말라위 의사들이 자국의 가난한 사람들을 돌보게 될 것이라는 꿈을 꾸었을까? 100년이 지난 후 그분들이 뿌려 놓은 기도의 열매를 지나가던 나그네인 내가 보게 될 줄은 꿈에도 몰랐다.

닥터 타마라와 현지 의료진에게 야그 레이저 사용법을 가르쳐 주는 모습.

선교사들은 이제 천국에도 계시고, 은퇴도 하고, 닥터 닉처럼 병에 걸려 누워 있기도 했다. 하지만 병원은 계속 돌아가고 있었다. 닥터 닉은 만나지 못했지만, 그가 가르친 제자들과 동역자들과 함께 닥터 닉의 사역을 기렸다. 마음이 뜨거워졌다. 죽기까지 충성한다는 것은 이런 것이다.

충성된 하나님의 종에 대한 이야기가 하나 더 있다. 10년 전 일이다. 아이캠프를 열기 위해 파키스탄 타르 사막 진입 도시인 미르푸르카스의 세인트 테레사 병원에 간 적이 있다. 밤늦게 도착해 그 병원의 외과의사인 필로미나 존스의 집에서 하룻밤을 묵었다. 다음 날 아침 눈을 떠보니 그 방에는 책과 포스터가 가득했다. 닥터 필로미나와 그의 남편 폴의 아버지들에 대한 책과 자료들이었다. 폴의 아버지는 이곳으로 온 미국인 선교사였고, 필로미나의 아버지는 이 지역의 사회사업가로 두 사람은 함께 사역을 했다. 그 두 사람의 자녀들이 장성하여 결혼을 한 것이다.

닥터 필로미나는 파키스탄에서 제일 좋은 아가칸 의과대학을 나왔다. 그 정도면 보통 대도시에서 일을 하는데 필로미나는 달랐다. 다음 날, 세인트 테레사 병원을 방문한 후 나는 더욱 닥터 필로미나를 존경하게 되었다. 세인트 테레사 병원은 필로미나와 폴의 아버지들이 지어서 기증한 병원이었다. 그러나 필로미나는 주인이 아니었다. 제대로 봉급도 안 나오는 그 병원에서 월급을 받는 평의사였다. 병원의 원장은 파키스탄 수녀님이었다.

그 아버지의 그 자녀들, 훌륭한 부모 밑에서 나온 더 훌륭한 자녀들이었다. 또 그 둘은 친자녀는 없었지만, 파키스탄 아이들을 입양해서 키우고 있었다. 선교하고 봉사하되 자신과 그 자손이 대대로 주인 노릇을 하는 것이 아니라 하나님이 주인이며, 그 열매는 현지인에게 돌리는 감동의 선교 현장이었다.

파키스탄이나 아프리카에는 빛 없이 헌신한 선교사가 많이 있었다. 2,000년 동안 그렇게 이름 없이 사라진 선교사가 얼마나 많을 것인가. 그들의 이름은 하나님께서 기억하고 계실 것이다. 그러나 세계를 다니다 보면, 간혹 선교나 구제가 비즈니스가 되어 버린 경우도 있었다. 처음부터 그렇지는 않았을 것이다. 초심을 잃었을 뿐이다. 아마 그들의 이름도 주님은 아실 것이다.

하나님의 이름을 걸고 하는 일에는 사랑뿐 아니라 정의와 공평, 양심과 도덕도 중요하다. 지금 우리가 하는 비전케어의 사역이 씨를 뿌리는 것인지, 물을 주는 것인지 나는 알지 못한다. 나는 주어진 일에 충성하는 청지기일 뿐이고 이 일의 주인은 하나

세인트 테레사 병원. 이곳은 하나님이 주인이며,
그 열매는 현지인에게 돌리는 감동의 선교 현장이었다.

님이시다. 선교나 봉사를 하면서 열매까지 내가 따려고 하면 집착과 욕심이 생긴다. 이 일을 시작하고 끝내실 주님께 모든 것을 맡긴다.

아내의 생일

말라위 호숫가에서 이번 여정에 동행한 아내가 생일을 맞았다. 나와 아내는 대학교 때 교회에서 만났다. 나는 대학부 회장이었고, 아내는 부회장이었다. 오래 사귀다가 인턴을 마치고 일단 결혼부터 했다. 둘 다 가진 게 아무것도 없었다. 군의관이 되면 관사가 나올 거라는 것 하나 믿고 군대 가기 일주일 전에 결혼식을 올렸다. 나는 훈련소로 떠나고, 새 신부는 신랑도 없는 시댁으로 들어갔다. 그때 우리 집은 부모님과 남동생, 여동생 그리고 할머니까지 좁은 집에서 생활하고 있었다. 당연히 전방의 군의관으로 나갈 줄 알았는데 예전에 부러진 팔이 휘어 있어 군의관이 되지 못했다.

공중보건의 배치시험을 봤다. 전체에서 2등을 했다. 성적순으로 가고 싶은 곳을 선택할 수 있었다. 도청소재지 큰 도시의 편한 곳을 갈 수도 있었는데, 나의 눈이 자꾸 머무는 곳이 있었다. 충북 음성에 있는 꽃동네 병원이었다. 행려병자들과 정신병자, 장애인, 가족에게 버림받은 사람들이 최후로 오는 곳이었다. 일이 많고 환자들이 거칠어 힘들다고 소문이 나 있었다. 아무도 가고 싶어 하지 않았다. 그곳을 지원했다. '그래, 내가 가자. 딱 1년만 헌신하자.' 공보의는 1년마다 근무지를 바꿀 수 있었다. 내가 가진 달란트로 그간 예수님을 믿은 시간과 하나님이 주신 재능에 대한 십일조를 하는 셈 쳤다.

꽃동네에는 관사가 없었다. 아내와 살 집을 얻어야 했다. 내가 가진 돈은 200만 원뿐이었다. 은행에서 800만 원을 빌려 1,000만 원을 만들었다. 아무리 지방이지만 그 돈으로 얻을 수 있는 집은 거의 없었다. 둘이 간절히 기도했다. 넘치지도 부족하지도 않게 작은 옥탑방을 얻었다.

나는 일반의로 꽃동네 심신요양원에 배치되었다. 심신요양원은 베데스다 연못가와 같았다. 각색 병든 사람들이 다 모여 있었다. 온갖 말기 암환자들, 온갖 기형을 갖고 태어난 아이들, 에이즈 환자, 의학책에서만 봤던 온갖 희귀병 환자들이 있었다. 가만히 있어도 팔다리가 움직여 마치 춤을 추는 것 같은 무도병 환자도 처음 봤다. 각종 사고로 전신이 마비된 환자도 무수히 많았다.

전직 고위 공무원도, 장성급 군인도, 한때 잘나가던 부자도 병이 들자 가족들은 그곳에 그들을 두고 가버렸다. 꽃동네는 버려져야 들어올 수 있는 곳이었다. 1990년대 초까지도, 우리나라는 가족 중에 불치병 환자가 생기면 병원비를 대느라 집안이 망할 정도였다. 장애인 집안도 마찬가지였다. 그래서 꽃동네에 들어오는 사람들은 혹시 가족이 있어도 없는 것처럼 가장해야 했다. 꽃동네가 일반인에게 오픈되는 주말이 되면, 환자 방 앞에 과자와 먹을 것이 든 검은 봉지가 던져져 있는 것을 보았다. 아마 그들의 가족이 왔다가 차마 아는 체는 못하고 몰래 놓고 간 것일 것이다.

꽃동네에서는 거의 매일 사람들이 죽어 갔다. 죽음이란 신비했다. 아침마다 나와 일상적인 대화를 나누던 환자가 갑자기 숨을 거두는가 하면, 암 덩어리가 터지고 구더기가 생기고 뼈가 드러나도 숨이 붙어 있는 환자도 있었다. 죽음을 겸허히 받아들이고 돌아가시는 분들도 있고, 끝까지 악을 쓰며 버티는 사람도 있었다. 꽃동네에 서로 사랑하는 노부부가 있었다. 각각 여자 병실과 남자 병실에 따로 입원해 있었는데 늘 상대방을 그리워하며 걱정하셨다. 그러다가 어느 날, 거의 한날한시에 같이 돌아가셨다. 지금도 기억나는 아름답고 기이한 부부의 죽음이다.

어느 날, 회진을 마치고 너무 힘에 부쳐 진료실 옆에 있는 장애인 아이들의 온돌방에 잠깐 누웠는데 잠이 들었다. 꿈을 꾸었는데 하얗고 밝은 빛이 가득했다. '여기가 하늘나라인가?' 빛 속에서 누군가 나타났다. 그가 있는 밝은 곳으로 가고 싶은데, 몸은 땅에 붙어 있어 옴짝달싹 못했다. 자면서 끙끙대며 땀을 흘렸는지 눈을 떠보니 장애로 말도 못하는 아이들이 나를 둘러싸고 걱정스럽게 내려다보고 있었다. 수녀님께 꿈꾼 내용을 말씀드렸더니 "천국에 다녀 오셨나 보네요"라고 답해 주었다.

꽃동네 병원에서 일반의로 일하면서 내과, 재활의학과, 이비인후과, 정신과, 호스피스까지 다양한 임상을 경험했다. 그러면서 안과의사가 되기로 결심했다. 꽃동네 병원에 입원한 환자들 가운데는 시신이나 안구를 기증하는 분이 많았다. 비록 세상에서는 버림을 받았으나 마지막 천국에 가기 전에 선한 일 한 가지는 하고 싶다면서 기증하시는 것이다. 안구를 기증한 분이 사망하면 그분들의 눈을 적출했다. 아직도 체온이 따뜻하게 남아 있는 눈을 빼고 빈 곳에 의안을 넣어 드리면서, 그분들과 살아생전에 지냈던 일들이 꿈처럼 지나가는 걸 느꼈다. 안과의사로서 그렇게 많은 시신을 대한 사람은 많지 않을 것이다.

나는 그때 환자들을 살리는 일도 중요하지만, 환자에게 삶의 가치를 부여해 주는 것도 의사의 할 일이라는 것을 알게 되었다. 안과는 잠깐의 수술로 눈이 환하게 보이는 삶을 선물하는 과(科)였다. 자연스레 꽃동네에서 딱 1년만 있으려고 했는데 3년을 채우게 됐다. 생과 사가 이웃처럼 존재하던 꽃동네에서의 삶은 지금도 행복한 시간으로 기억된다.

거기서 아내는 첫아들을 낳았다. 아내는 나와 결혼하고 정말 고생을 많이 했다. 대충 세어도 20번 가까이 이사를 다닌 것 같다. 춥고, 덥고, 좁고… 열악한 집에서 시할머니, 시부모님을 모시면서 세 아이를 길렀다. 진유, 영유, 은유. 아이들의 이름은 하나님의 진리와 영과 은혜를 좇아가라는 염원을 담아 지었다. 나와 아내, 세 아이는 한 방에서 꼭 붙어 잤다.

내가 비전케어를 세우고 NGO 활동을 시작하면서 아내는 나를 따라다니며 자원봉사를 하느라 또 고생을 많이 했다. 시간도 없고 모일 때도 마땅치 않아 회의할 때는 주로 우리 집에서 모였다. 아내가 음식도 준비하고 그 뒷바라지를 다했다.

병원이 쉬는 추석과 설날에 주로 아이캠프에 가느라 명절을 가족과 함께 지낸 기억도 거의 없다. 가족여행도 아이캠프를 같이 가는 것으로 대신했다. 나는 그것을 가족여행으로 생각했는데, 아이들은 그게 아니었다는 것을 나중에야 깨달았다. 남편으로서, 아버지로서 나는 부족한 것이 너무 많았다. 이제부터 잘해주고 싶은데 아이들은 어느새 훌쩍 자라 저만치 가버린 것 같다.

사람들은 내가 재산이 많고 여유가 있어 NGO 일을 한다고 생각할지 모른다. 전혀 그렇지 않다. 어린 시절 하면 떠오르는 것은 동생들과 이삿짐을 싸던 기억들뿐이다. 국어선생님이셨던 아버지는 학교를 그만두고 사업을 하셨다. 폐유 정제하는 사업, 메탄가스 만드는 사업 등 지금 생각해도 타당성이 없는 일에 손을 대셨다. 매번 1년을 못 버티고 망하고, 또 새로운 일을 벌이셨다. 그때마다 우린 더 작은 집으로, 더 변두리로 이사를 갔다.

광명에 살 때는 집에 전기가 없어 밤에 석유등잔불을 켰다. 학교는 군인들이 설치해 준 천막교실이었다. 점심시간에는 근처 미군부대에서 보내 준 딱딱한 빵을 먹었다. 비가 오면 집에 물이 찼다. 교실에서 장화를 신고 수업을 받을 정도로 학교에도 물이 넘쳤다. 1학년을 다니다가 서울로 전학 갔지만, 아직도 기억에 선명하게 남아 있는 곳이다. 연희동 기찻길 옆에서 산 적도 있다. 이렇게 하도 많이 이사를 다녀 내 주민등록초본을 떼면 몇 장이나 된다.

다행히 어머니가 일을 하셨다. 30년 동안 같은 직장을 다니셨는데 힘들어도 그만둘 수 없으셨을 것이다. 아버지가 진 빚을 갚으면서 할머니를 모시고 우리 삼남매 뒷바라지를 하시려면. 그렇게 좁은 집이었는데도 우리 집에는 늘 군식구가 있었다. 사돈의 팔촌까지 가난한 친척들이 와서 함께 살았다. 어머니는 어려운 살림살이에도 누가 돈이 없어 학교를 못 간다고 하면 등록금을 내주셨다. 없어도 나누는 것을 어머님께 배웠다.

가난해서 불행했을까? 절대 아니다. 불편은 했지만, 행복했다. 내가 아프리카를 사랑하는 것은 아직 가난하지만 행복한 게 더 많다는 것을 알기 때문이다.

그런 나와 결혼한 아내도 대단하다. 누가 아내에게 시할머니, 시부모님과 같이 살아 힘들었겠다고 물어보면, 아니라고 한다. 어른들에게 살림도 배우고, 인생에 대해서도 알게 되고, 짧은 시간에 음식을 후딱 만들 수 있는 내공도 쌓여 좋았다고 한다.

이번 아프리카를 종단하면서 연 아이캠프에서도 아내는 환자들을 안내하고, 안약을 넣어 주고, 회복실로 데려다주느라 쉴 새 없이 일했다. 에어컨도 없는 진료실에서 땀을 흘리는 나를 위해 틈틈이 부채질을 해주기도 했다.

아내는 나와 결혼할 때, 이렇게 살 줄은 꿈에도 몰랐을 것이다. 세 아이를 키우느라 정신없이 지내면서도 비전케어 활동까지 하다 보니 어느덧 세월이 흘러 결혼한 지도 25주년이 되는 해였다. 아내의 헌신과 이해 없이 내가 무슨 일을 할 수 있었을까? 오토바이를 타고 아프리카를 달려 보겠다는 남편의 무모하고 위험한 일에도 동행해 주는 그런 아내가 세상에 그리 많지는 않을 것이다. 우리는 잘 맞는 한 켤레의 신발과 같은 부부다. 발이 편해야 험하고 어려운 인생길도 같이 기도하며 걸어갈 수 있다. 아내의 생일을 진심으로 축하해 주었다.

한 뼘씩 자라나다

7월 31일, '눈을 떠요, 아프리카' 1차 프로젝트를 말라위에서 마쳤다. 남아공, 스와질란드, 모잠비크, 짐바브웨, 잠비아, 말라위까지 6개국 4,000킬로미터를 달렸고, 세 번의 아이캠프를 열었다. 고생을 많이 한 팀원들과 휴식시간을 가졌다. 말라위 호수는 아프리카 3대 호수 가운데 하나로 세계유산에 등재된 국립공원이다. 이곳은 아프리카 고유의 물고기가 수백 종 살고 있다는데 물이 맑기로 유명했다.

마지막 날, 서로를 위로하고 격려하는 자리를 마련했다. 다음 날이면 한국으로 돌아갈 1차 팀원들이 소감을 얘기했다. 장예지 1차 팀장은 매일매일 마무리되지 않는 일들을 해결하며, 지금 어느 나라에 와 있는지도 모를 정도로 바쁜 한 달을 보냈지만, 국경에서 수술도구나 약품들을 뺏기지 않아 수술에 지장이 없었던 게 정말 다행이라고 했다.

왜 아니겠는가, 우리 이동 팀도 오토바이와 의약품 때문에 몇 시간이 걸릴지 모르는 통관에 애를 먹었는데. 우리보다 먼저 약속한 나라로 들어가 수술 준비를 해야 하는 의료 팀은 더 고생이 많았다. 세관에서 그 무거운 짐들을 내렸다가, 풀었다가, 다시 싸서 차에 올리기를 반복하며, 10시간 이상씩 기다렸다. 국경에 먹을 것이 없어 컵라면에 찬물을 부어 딱딱한 면발을 씹어 먹기도 했다.

최은영 간사는 정말 어렵게 준비한 프로젝트였는데 진행이 잘 안 될 때는 속이 상했다고 했다. 김성심 간호사는 수술실에서 기계가 잘 안 되고, 예상치 못한 일이 한꺼번에 터질 때 힘들었지만 매일 밤 씻지도 못하고 쓰러져 자던 동료들과 드러나지 않게 천사처럼 일을 도와주던 많은 사람에게 고맙다고 했다. 그리고 우리가 아프리카를 돕는 사람이 아닌 아프리카 사람들과 같이 가는 사람들이라는 생각이 들었다고 했다.

이번에 자원봉사자로 참여한 막내딸 은유는 할 줄 아는 게 소독밖에 없어 동료를 많이 돕지 못해 미안하다고 했다. 아쉬운 것은 말씀을 보는 시간이 더 있었으면 좋았겠다고 했다. 그래도 크게 아픈 사람 없이 1차를 마무리해서 감사하고 캠프에 참여한 모든 분이 대단하다며 존경심을 표했다.

권오철 간사는 아프리카로 오기 전, 이 프로젝트를 준비하면서, "아프리카는 안 된다"라는 말을 하도 많이 들어 '이 일이 과연 될까?' 부정적으로 생각했다고 한다. 그러나 막상 아프리카에 도착해 그야말로 엄청난 일들이 벌어지고, 점점 일이 풀려 나가는 것을 보면서 하나님이 함께하심을 느끼게 되었다고 했다. 개인적으로 정말 하나님을 많이 만나는 시간이었다고 했다.

아내는 이 순간, 여기 있는 젊은이들이 정말 부럽다면서 자신이 그 나이에 이런 꿈을 가지고 봉사를 했으면 인생이 훨씬 달라졌을 거라고 했다. 하나님을 사랑하는 것이 마음에만 있는 게 아니라 직업으로 헌신하는 간사들이 기특하고 대견하다고 했다. 아내는 하나님께서 이 세상을 아름답게 창조하셨는데 왜 그 안에 사는 인간들에게는 이렇게 큰 불평등이 존재하는지 많이 생각했다고 했다. 결국 인간은 어떤 환경에 처해 있든지 자신이 가지고 있는 인생관과 신앙관에 따라 살아가는 것이 중요하다는 것을 깨달았다고 했다.

　　권 목사님도 한마디 했다. 당신은 이 일이 가능하다고 믿었다고 했다. 파키스탄에서 처음 나를 만날 때부터 15년 동안 그 꿈과 비전이 하나씩 이루어지는 것을 보았다고 증언해 주었다. 그러나 이번 프로젝트가 이렇게 힘들 줄은 몰랐다고….

　　간호사들은 수술 준비로 힘들고, 간사들은 차질 없이 캠프가 열리도록 진행하는 것이 힘이 들었겠지만, 이동 팀은 오토바이를 타다가 실수로 넘어져 다치거나 사고가 나면 아이캠프 자체가 취소되고 세상에 조롱거리가 될 것 같아 정말 힘들어도 기를 쓰며 달렸다고 했다. 오토바이 진동의 영향으로 소변조차 안 나올 정도여서 시트에 앉기도 싫었지만 그래도 약속한 날짜에 도착하기 위해 낮이고 밤이고 몇 백 킬로미터를 달려갔을 때, 하나님이 예비하신 환자들을 만나게 하시고 눈을 다시 보게 하셔서 감사하다고 했다.

　　나는 2008년에 처음 말라위에 왔을 때 힘들었던 얘기를 했다. 그때는 수술할 병원에 장비도 없었고, 도와줄 사람도 부족했다. 수술도 혼자서 해야 했다. 캠프 오기 전부터 목 디스크가 생겨 아프고 팔까지 저릿저릿한데 환자들은 몰려들었다. 정말 울고 싶을 정도로 힘이 들었다.

　　'내가 왜 이렇게 고생을 하나. 그냥 편히 살아도 되는데.' 주님 말씀을 따라왔지만, 그래도 몸이 아프니 불평이 고개를 들었다. 그때였다. 수술실 안에 흐르던 찬양 가사가 갑자기 뚜렷하게 들려왔다.

　　　　어느새 지금 여기 서 있네
　　　　생각조차 못했던
　　　　어떻게 내가 여기까지 왔는지

감사하기만 한 걸

함부영이 부른 〈길〉이라는 복음성가였다. 내가 어쩌다가 여기까지 왔을까? 생각조차 못하고 들어본 적도 없던 말라위까지. 나도 모르게 눈물이 흘렀다. 다시 노래 가사가 들려왔다. "조금씩 보인 그 길을 따라 한 걸음 한 걸음 걸어왔었지." 그랬다. 가난해서 의대생 6년 동안 과외로 학비와 생활비를 마련하며 살던 내가 어떻게 파키스탄까지 가서 무료 수술 캠프를 시작하고 15년 동안 수많은 나라에서 이런 일을 할 수 있었을까? 하나님께서 한 걸음 한 걸음 인도하지 않으셨다면 절대로 할 수 없는 일이었다. 이어지는 음율 하나하나가 영혼 깊이 파고들었다.

인생의 끝에
내 삶을 반겨 줄 이
기다리고 있으니

내게 주어진 길을 걸으리
담담하게 이 길에 나서리
쉬운 길을 찾았던 지난날과
아쉬움은 소망으로 덮고

주어지는 인생의 길 위에
후회 없이 내 삶을 그리리
아무것도 보이지 않는대도
난 결코 포기할 수 없네

주님께서 지금 내 고통을 보고 있고, 당신의 방법대로 나를 위로하고 계신다는 것을 다시금 깨달았다. '지금까지 나를 믿고 달려왔으니 앞길이 보이지 않는대도 계속 이 길을 가야겠지?'라는 주님의 말씀으로 들렸다. 수술실이 예배당이 되었고 절로 기도가 나왔다.

하나님이 나를 부르신 곳이며 나를 통해 일하시는 곳이고 나와 가장 가까이 만나 주시는 곳인 수술실에서 나는 울면서, 기도하면서, 찬양하면서, 수술을 마칠 수 있었다. 몸이 아프고, 도와줄 사람이 없고, 장비마저 없어도 "인생의 끝에 내 삶을 반겨줄" 하나님이 함께하시면 무엇이든 할 수 있다.

이번 아프리카의 여정이 확실히 고생스러웠지만, 그래도 영적으로나 인간적으로 조금씩 성장한 우리 팀원들에게 이런 말을 했다.

"지난 일이 힘들었다는 기억 때문에 앞에 올 일도 힘들 거라는 생각은 하지 맙시다. 사람은 두 종류로 나뉩니다. 힘들었으니 다시는 안 한다는 사람과 이제는 어떤 힘든 일이 닥쳐도 잘할 수 있다고 생각하는 사람입니다. 예수님의 제자는 후자입니다. 광야에서 헤매고, 십자가에 못 박히고, 침 뱉음을 당해도 하나님을 바라보면서 나아간 것처럼 우리에게 주어진 이 길을 끝까지 같이 갑시다."

마지막으로 한마디 덧붙였다. "나 때문에 고생한 것 다 잊어 주고, 용서해 주세요." 젊고 경험이 없는 간사들은 맨땅에 헤딩을 하면서 한 뼘씩 자랐을 것이다. 나와 권 목사님도 는 게 있다. 오토바이 타는 실력. 오프로드? 그까짓 거 그냥 달리면 되지. 이젠 겁도 안 난다.

남부 아프리카의 광활한 대자연 속에서 우리는 하나님이 창조하신 바람과 태양 그리고 그 안에서 사는 사람들을 만났다. 가난하고 질병도 많은 나라이지만 그들이 보내는 순수한 미소와 눈빛은 인간의 행복이 어디에 있는지 다시 생각하게 해주었다.

안드레 애기를 빼먹을 수 없다. 남아공의 백인 청년인 그는 이동 팀 기사였다. 키가 190센티미터가 넘고 몸무게가 100킬로그램이 넘는 거구였다. 25세로 큰아들과 같은 나이였다. 나이는 어렸지만, 기사로서 직업의식이 있었다. 안전과 법을 철저하게 준수했다. 그는 단순히 기사가 아니라 우리 팀원이었다. 그만큼 큰 도움을 받았다. 현지인이 아니면 알 수 없는 도로 사정과 문화, 숙소, 식당, 필요한 물건 준비 등에 꼭 필요한 조언을 해주었다. 한식도 잘 먹었고, 큐티도 함께 나눴다.

말라위 호숫가 근처에서 찍은 1차 팀 마지막 단체 사진.
(왼쪽부터 안드레, 김기연 피디, 권오철, 이우건, 장예지, 최은영, 김성심 간사)

그도 아픔이 있는 청년이었다. 이혼한 아버지와 함께 사는데 매일 저녁 전화를 드렸다. 우리가 전기도 없고, 더운 물도 없는 숙소에서 잘 때 안드레는 자기가 어느 농장에서 일할 때도 이랬다면서 우리를 위로해 주었다. 착하고, 정직하고, 순진한 안드레는 목사님과 함께 방을 쓰면서 인생 상담도 많이 했다. 짐바브웨 구투에서 목사님이 앓아 누웠을 때, 이제 더 이상 오토바이를 탈 수 없어 사역이 중단될지도 모른다고 하자 자기가 대신 타고 가겠다고 했다. 그 마음이 얼마나 고마웠는지 모른다.

1차 팀과 함께 다음 날 남아공으로 돌아가는 안드레는 앞으로 교회에 꼭 다니라는 목사님 말씀에 그러겠다고 했다. 그 청년을 통해 아프리카 청년들의 삶을 조금은 이해하게 되었다. 안드레가 부디 하나님을 꼭 만나길 기도했다.

길에서 만난 사람들

기온이 아침부터 30도로 올라갔다. 1차 팀원들을 한국으로 보내고 나와 권 목사님, 아내와 은유, 그리고 새로 2차 팀에 합류할 박선희 간사가 8월 한 달 동안 탄자니아, 케냐, 우간다에서 우리를 기다리는 사람들을 만나러 다시 여행길에 올랐다. 오토바이 복장을 여름용으로 바꿨다.

아침 8시, 말라위 호수에서 출발하여 탄자니아 국경 쪽으로 이동했다. 약 600킬로미터를 달려 카룽가 지역에서 묵을 예정이었다. 도로는 생각보다 잘 닦여 있었다. 대신 염소들과 소들이 언제 도로로 출몰할지 몰라 신경이 곤두섰다. 에멘탈 치즈처럼 도로 가운데 구멍이 뻥뻥 뚫린 웅덩이가 많아 조심해야 했다. 은코타코타라는 곳에서 잠시 쉬며 물을 마셨다. 500밀리리터 물 한 병이 300콰차였는데, 이 지역은 하루에 500콰차(1,000원) 미만으로 사는 가난한 곳이었다.

검은 모자를 쓴 남루한 차림의 아저씨가 신기해 보였는지 우리 팀으로 다가왔다. 우리가 무료로 눈을 수술해 주는 의료 봉사팀이라고 소개하자 우리를 붙들었다. 자기가 사는 지역에 눈이 안 보이는 사람이 너무 많은데 와서 도와달라고 했다. 갑자기 경로를 바꿀 수 있는 문제가 아니었는데 그 사람은 우리가 언제 다시 이곳에 올 것인지 물으면서 계속 나를 붙잡았다.

약속은 할 수 없었다. 그러나 기억하고 있을 것이다. 다시 이곳에 오게 되고, 수술 방이 있는 마땅한 병원이 있으면 그분들에게 수술의 기회를 주고 싶었다. 나는 그분에게 명함을 주었다. 소중하게 명함을 받아 드는 그분을 다시 만날 수 있을 것 같은 마음이 들었다. 오토바이를 타고 가니 곳곳에서 이런 분들을 많이 만났다. 비행기나 자동차로 갔다면 만나지 못할 길 위의 인연들이었다.

여러 나라를 다니다 보면 가끔 재미있는 일도 일어난다. 우리말이 쓰인 종이를 의미도 모르면서 단지 한국어라는 것만 알고 소중하게 들고 오는 환자들이 있다. 예전에 써준 대기번호표도 가져오고, 우리가 버린 종이, 어디서 얻었는지도 모르는 우리말이 적힌 쪽지도 갖고 오신다.

언젠가 파키스탄 라호르에서 아이캠프를 마치고 식당에 들어간 적이 있다. 마무리를 위한 담화를 나누고 있는데 갑자기 나비넥타이를 맨 중년의 웨이터가 다가오더니 큰소리로 외쳤다. "넘버 27!" 그는 알리 아프절 씨였다. 그전 해에 백내장에 걸린 아버지를 모시고 와서 수술을 받은 적이 있다. 그가 우리를 기억하고 반갑게 인사를 한 것이었다. 그는 아버지가 건강한 눈으로 가족과 행복하게 지내고 있다고 전해 주었다. '27번'은 그의 아버지가 받은 수술대기 번호였다.

몽골에서 처음 아이캠프를 열었던 2005년에는 하루에 515명의 환자가 몰려들었다. 현지 TV에서 비전케어가 무료 안과 진료와 수술을 한다는 뉴스가 나갔기 때문에 사람들이 더 많이 온 것이다. 밤늦게까지 진료를 하고 다들 지쳐서 숙소로 돌아오는데 문 앞에서 어떤 몽골 사람이 쪽지 하나를 전해 주었다. "일을 잘 되기 바랍니다. 감사합니다." 어색하고 서툴지만 직접 쓴 한국어였다. 이 한 줄의 문장에 피곤이 사라지는 것 같았다.

몽골 사람이 전해 준 쪽지.
이런 한 줄의 문장에 피곤이 사라지는 것 같았다.

에티오피아에서 만난 한국전 참전용사들은 미안하고, 고마운 분들이었다. 2008년부터 에티오피아에서 아이캠프를 열었는데, 특별히 2010년에는 한국전 참전용사와 그 가족을 위주로 백내장 수술을 해드렸다. 그때 만난 바샤 아스토우 할아버지는 한국전 참전용사였는데, 캠프가 진행되는 3일 내내 훈장이 달린 군복을 입고 왔다. 86세였는데도 건강한 체격에 어깨를 반듯하게 편 늠름한 노병이었다. 할아버지는 셀라시 황제의 근위대 출신으로, 용맹하기로 유명한 강뉴부대 제3진으로 한국전에 참전했다. 할아버지는 배로 도착한 부산과 인천 그리고 전투 지역이었던 강원도 춘천에서 중공군과 북한군과 벌인 전투를 기억하고 있었다.

할아버지는 우리에게 감동적인 말씀을 해주셨다. "본인은 군인의 신분으로 당연히 한국의 자유를 위해 헌신했다. 그 후 두 눈에 백내장이 걸려 앞을 보기 어려웠는데 한국의 의료팀이 이렇게 광명을 찾아주니 너무 감사하고 그 인연이 놀라울 뿐이다."

어느 참전용사는 "내 비록 온몸에 총탄이 박히고, 팔다리를 잃었지만 자유를 위해 싸운 자부심으로 한평생 살아왔다. 가난

참전용사 바샤 아스토우 할아버지와 함께.

과 고통, 멸시가 대물림되어 자식 교육도 제대로 못시키고 있지만 한국이 발전되는 모습을 보니 참으로 흐뭇하다"고 했다.

그분들 가운데는 생활이 너무 어려워 훈장을 시장에 내다 파는 분들도 있었다. 에티오피아에는 아직도 200여 명의 참전용사가 생존해 있었다. 아디스아바바 외곽에 있는 참전용사촌 코리안 빌리지에서는 매일 아침 군복을 입은 노병이 마을회관에 태극

기를 게양한다. 아이캠프가 끝나는 날, 그분들이 군복을 입고 오셔서 우리에게 경례를 해주었다. 미안하고 고마웠다. 우리가 그동안 저분들의 고마움을 잊고 산 것 같아 깊이 반성했다. 지난 60년 동안 아무것도 해드린 것이 없다는 것은 무슨 이유로든 잘못한 일이었다. 그 미안함을 갚으려고 2010년부터 에티오피아에 비전케어 지부를 만들어 매년 아이캠프를 열어 무료 백내장 수술을 하고 있다.

    2011년 가나의 테마라는 항구에서 92번째 아이캠프를 열 때였다. 새벽부터 몰려오는 환자들 사이에 어떤 할아버지를 안고 들어오는 중년 남자가 있었다. 손에는 종이 한 장이 들려 있었는데 "Next year operation(내년 수술)"이라고 적혀 있었다. 우리가 예전에 왔을 때 써준 차트였다. 그때 우리를 찾아왔지만 수술을 받지 못하고 돌아갔다고 한다. 이번에 우리 팀이 온다는 소식을 듣고 91세가 되어 기동도 어려운 아버지를 안고 다시 온 것이다. 차트를 얼마나 소중하게 보관했는지 먼지 하나, 접힌 곳 하나 없이 깨끗했다.

    할아버지는 양쪽 눈 모두 보이지 않았다. 고령이라 다음을 기약할 수 없었다. 너무도 많은 환자가 기다리고 있었지만, 환자와 그 아들의 간절한 마음을 저버릴 수 없어 두 눈 모두 수술해 드렸다. 다음 날, 할아버지는 더 이상 아들 품에 안겨 있지 않았다. 지팡이를 짚고 혼자 걸어서 진료실로 들어왔다. 팀원들 한 사람 한 사람의 눈을 마주치며 고마움을 표시하던 그 함박웃음을 잊지 못한다. 이름도 기억이 난다. 아크힙 할아버지. 지금도 살아 계실지 모르겠다.

넘어지다

말라위에서 탄자니아로 가는 길에 보이는 광경은 우리나라와 참 많이 비슷했다. 말라위 호숫가를 따라 오르면 때로는 태백산맥을 넘는 듯했고, 때로는 나주평야 같은 평원을 지나기도 했다. 점심을 먹기 위해 카롱가로 가는 길가 식당에 들어갔다. 벽에 붙어 있는 메뉴판에는 소고기, 닭고기 등으로 만든 아프리카에서 주로 먹을 수 있는 요리들이 있었는데, 맨 끝에는 "Thanks-God Bless You!(신의 은총이 함께하길)"라고 적혀 있었다. 말라위도 우리나라보다 선교의 역사가 오래된 곳이었다.

음식을 골고루 5인분 주문했더니, 주인이 난처한 표정을 지었다. 재료가 치킨 2인분밖에 없다는 것이었다. 어쩌겠는가. 치킨 요리는 이동 팀 현지인 기사에게 주고, 우리는 식당주인에게 장소 값을 내고 컵라면으로 끼니를 때웠다.

말라위에서는 해가 일찍 진다. 5시쯤 지평선을 선홍색으로 물들이던 태양은 6시가 되니 그만 사라져 버렸다. 그다음은 암흑천지였다. 암흑 속으로 들어갔다. 카롱가 근처 게스트하우스를 찾아서 접어든 곳은 험한 산길이었다. 사람 사는 집이 있을 것 같지가 않았다. 가로등은커녕 집들의 불빛도 없었다. 커다란 바위와 거친 자갈들이 박혀 있는 좁은 산길이 시작되었다. 양옆 골짜기는 더 깊은 어둠 속이었는데, 서늘한 찬바람이 올라왔다. 길 아래는 호수이거나 낭떠러지 같았다.

'위험하다'는 생각이 든 순간, 오토바이를 탄 채 넘어지고 말았다. 뒤따라오던 목사님도 함께 넘어졌다. 험한 길을 하도 달려 어떤 길도 자신 있는 상태였는데 넘어진 것이다. 쓰러진 오토바이를 그대로 두고 직접 걸어 내려가 보니 45도가 넘는 급경사 내리막길이었다. 뒷골이 싸늘했다. 그냥 달려갔다면 무슨 일이 벌어졌을까. 대형사고가 났을 것이다. 딱 위험한 곳 앞에서 넘어지다니, 하나님의 은혜였다.

오르막을 다시 올라오는데 숨이 턱까지 찼다. 거친 숨소리가 어둠 속에 더 크게 울렸다. 문득 바라본 하늘 위엔 여전히 선명한 별들이 고요 속에 반짝이고 있었다. 피로가 몰려왔다. 다리에 힘이 풀렸다. 주저앉고 싶었다.

나는 인생길에서 여러 번 넘어졌다. 첫 번째는 대학입시에서 떨어졌을 때였다. 대학교를 떨어지리라고는 생각도 못했다. 성적도 좋았고, 신앙심도 좋다고 믿었다. 고등학교 시절, 시험이 있다고 예배를 쉰 적도 없고, 성가대와 교회학교 임원 활동도 멈춘 적 없으니, 비록 내가 꼴찌를 해도 하나님께서 나만은 붙여 주실 거라고 확신했다. 그런데 떨어졌다. 장학금을 바라보며 성적보다 낮은 곳에 지원했는데도 말이다.

"하나님, 이럴 수가 있으신가요?" 낙심이 컸다. 나보다 공부도 못했고, 교회도 나오다 말다 하는 애들은 번듯한 대학의 배지를 달고 교회에 나오는데 나를 떨어뜨리시다니…. 결국 재수를 선택했는데 "그래도 또 교회를 가냐?"고 조롱하고 혼내시는 아버지와 싸우면서도 교회는 여전히 나갔다. 하나님의 인도하심은 인간의 이성적 판단을 넘어선다. 재수하던 해, 성적은 전해만큼 나오지 못했는데 같은 대학 의예과에 합격했다.

인턴을 마치고 또 한 번 넘어졌다. 레지던트 시험에 떨어진 것이다. 꽃동네로 가 군복무를 마치고 본교 레지던트 과정에 들어갔다. 공부도 잘했고, 열심히 했고, 신뢰도 받았고, 수술도 누구보다 많이 했는데, 대학에 남지 못했다. 그때도 넘어졌다. 실로암 안과병원에 들어갔다. 그곳에서도 주인의식을 가지고 정말 내 일처럼 열심히 했다. 주말 당직과 지방으로 내려가 수술하는 일도 즐겁게 했다. 그러나 거기서도 사정상 병원을 나와야 했다. 개업

했을 때도 어려운 고비를 넘어야 했다. 사기도 당하고, 고소도 당하고, 재판에서 지기도 했다. 라식과 라섹 수술을 시작하고 돈을 많이 벌었지만, 국세청의 혹독한 세무조사를 받기도 했다. 억울하고, 화가 나고, 슬펐지만 넘어질 때마다 나는 더 많은 것을 배우며 일어났다.

꽃동네 병원에서는 삶을 바라보는 눈이 깊어지고 넓어졌다. 세상에 대한 욕심이 없어지고, 미래가 초조하거나 무섭지도 않았다. 죽음의 문제가 해결되고, 사는 것에 두려움이 없어졌다. 하나님이 가라시면 갈 것이고, 가지 말라 하시면 가지 않을 것이다. 그것이 크리스천으로 사는 법이었다.

실로암안과에서는 무료 백내장 수술의 보람과 이동병원에 관한 노하우를 배웠다. 한 달에 한 번, 1-2주 정도 강원도부터 남해안, 소록도까지 전국 방방곡곡 무의촌을 다니면서 진료했다. 현지 교회와 연합해서 일종의 단기선교 사역을 했는데, 무의촌에 방치되어 있던 안과 환자들을 진료하고 수술로 다시 보게 해주는 것이 그분들에게 얼마나 큰 기쁨이 되는지 알게 되었다. 노인들은 백내장이 와서 안 보이는 건 줄도 모르고 맹인처럼 살고 있었다.

부작용도 있었다. 교회들이 서로 경쟁적으로 우리를 이용해서 전도하려고 했기 때문이다. 작은 시골교회 사이에 반목과 불화가 생겼다. 나중에 장로교, 감리교, 천주교 할 것 없이 연합하여 보건소에서 합동으로 진료를 하니 문제가 해결되었다. 이 경험이 아시아와 아프리카, 중남미 등지를 다니며 진료하는 데 도움이 되었다.

개업한 뒤에 당한 사기와 소송과 세무조사 등의 어려움은 예수님이 제자들에게 주신 "뱀같이 지혜롭고 비둘기같이 순결하라"는 말씀을 가슴 깊이 새기는 계기가 되었다. 사람과 돈이 움직일 때는 반드시 법과 규정에 따르고, 사람은 믿지만 회계 처리는

투명하고 분명하게 해야 한다는 것을 배웠다. 이 교훈은 지금까지 내가 병원과 비전케어를 운영하는 일에나, 외국에 나가 봉사를 할 때도 철저하게 지킨다.

돌이켜 생각하면 내가 만일 학교에 남아 교수가 되었다면 비전케어 활동을 이처럼 활발하게 할 수 없었을 것이다. 개업의이니까 가능한 일이었다. 다 하나님께서 준비하신 계획과 고난이었다.

세상은 그야말로 거대한 학교였다. 넘어질 땐, 아프고, 창피하고, 죽고 싶을 만큼 앞이 캄캄해도 다시 일어서면 걸어가게 된다. 그럴 때마다 인생살이의 내공이 깊어진다. 오토바이는 멈추면 쓰러진다. 앞으로만 가야지 뒤로 후진할 수 없다. 힘든 시간을 지나고 나면 고통 가운데서는 보이지 않던 하나님의 섭리를 이해할 때가 온다.

옥합을 깨뜨린 여인

비전케어 사역을 하면서도 주저앉고 싶을 때가 많았다. 2005년, 비전케어를 정식 NGO로 등록하면서 간사도 뽑고 활발하게 사역을 진행했다. 그러나 한 달에 일주일씩 병원을 비우며 봉사를 떠나고, 환자가 가장 많은 명절과 방학에도 어김없이 자리를 비우다 보니 잘되는 병원인데도 적자가 났다. 가난한 나라에서 아이캠프를 요청하는 곳은 늘어나는데, 내가 번 돈으로는 감당이 안 되었다.

부모님은 어렵게 사는 동생들을 돕기보다 일면식도 없는 먼 타국의 환자들을 위해 돈을 쓰는 나를 이해하지 못했다. 아이들이 자라는 것을 지켜볼 시간도 없었다. 경제적인 어려움과 가족에게 이해받지 못하는 것이 힘을 빠지게 했다. 하나님의 인도하심을 따라왔다고 여겼는데, 이런 어려움까지 생기니 너무 힘들었다.

'이쯤에서 그만 둘까?' 심각하게 고민을 하고 있을 때였다. 2007년이었는데 이름을 밝히지 않은 한 여성으로부터 1,000만 원의 후원금이 들어왔다. 개인에게 그렇게 큰돈을 받은 적은 없었다. 대전에 살고 있는 그분에게 찾아가 감사를 전하고 싶었지만 괜찮다고 거절했다. 대신 전화로 후원하게 된 계기를 들려주었다. 교통사고를 당했는데 기적적으로 살아났다고 했다. '하나님께서 왜 나를 살려 주셨을까.' 생각하며 기독교방송을 듣고 있는데 마침 나와 비전케어의 이야기가 나오더라는 것이다. 바로 이곳에 후원해야겠다는 마음이 들어 결혼 준비를 위해 모아 놓은 돈을 보내면서, "옥합을 깨뜨린 한 여인으로부터"라는 문자를 보낸 것이다. 마리아가 예수님 발 앞에 결혼식에 쓸 귀한 옥합을 깨뜨려 향유를 붓듯.

옥합을 깨뜨린 여인은 자기가 가진 가장 큰돈을 아무 조건 없이 이름도 밝히지 않고 하나님께 드리듯 우리에게 주었다. 세상에서 제일 무거운 돈이었다. '이 사역은 내 돈으로 한 것이 아니구나. 하나님이 하고 계시구나.' 내가 하는 것으로 잘못 생각하고 있었다. 처음 파키스탄에 수술기계를 보내고, 선교사역을 할 간호사를 보내고, 현지에서 일할 의사의 월급까지 다 혼자 감당하면서 정말 이 일을 제대로 잘해 보겠다고 시작한 때로 돌아갔다. 돈이 없어 못하겠다는 말은 안 하기로 했다. 1년에 5번 나가던 아이캠프를 9번으로 늘렸다. 다음 해에는 12번으로, 그다음 해에는 15번으로 늘렸다.

어느 날, 우연히 병원 근처 SC제일은행에 들렀다. 사회봉사를 소개하는 홍보 소책자를 봤더니 'Seeing is Believing'이란 이름으로 실명 퇴치 운동을 후원하고 있었다. '우리와 같이 좋은 일을 하시네'라고 가볍게 생각하고 넘겼다.

그때는 그 은행이 우리와 연계되리라고는 생각지도 못했다. 그 후 외국인 노동자들을 돕고 있는 한 권사님이 우리 병원에 외국인 노동자를 데려와서 진료를 받게 했다. 우리 병원은 외국인 노동자에게도 무료 진료를 해주고 있었다. 그런데 그 권사님 남편이 마침 그 은행의 부행장이었다. 놀라운 일이 벌어졌다. 그 인연으로 그 은행에서 본사에 제안서를 냈는데 비전케어를 후원하기로 결정이 난 것이었다.

또한 파키스탄에서 우리 활동을 본 LG전자에서도 후원을 해주겠다고 연락이 왔다. 우리가 술도 안 마시고, 관광도 안 다니고, 불평 없이 일만 열심히 한다고 좋게 본 것 같았다. 사회복지공동모금을 통해서도 후원금이 들어왔는데 그때까지 내가 비전케어를 위해 쓴 돈의 두 배였다. 오병이어를 드렸더니 5,000명을 먹일 음식을 주신 것이다. 그 돈을 기초로 비용이 너무 많이 들어 엄두를 내지 못했던 아프리카 아이캠프가 시작된 것이다.

그 후 2년 뒤 기업에서 주는 큰 후원금은 끊어졌다. 더 이상 캠프를 열지 못할 줄 알았다. 하지만 하나님은 다른 문을 열어 두셨다. 이번에는 후원금을 보내는 개인과 교회가 늘어났다. 옥합을 깨뜨리는 여인들이 보내 주는 작은 돈이 쌓여 갔다. 아이캠프는 1년에 30회까지 늘어났다. 비용은 딱 캠프를 열 만큼 들어왔다.

가끔은 여러 대형교회에서 자신들의 교회 이름을 달고 나가면 후원도 해주고, 사무실도 주고, 직원도 주겠다고 했다. 그러나 교파와 나라와 인종을 초월하여 현지 선교사들을 도우며 일한다는 원칙에 어긋나기에 거절했다. 지금도 비전케어는 최소한의 비용으로 최대한의 아이캠프를 열고 있다. 자비량으로 참여하는 의사와 간호사, 검안사, 자원봉사자들이 없었다면 꿈도 못 꿀 일이다.

말라위 산꼭대기 돌길 위에 넘어진 오토바이 옆에서 지나온 길에서 만난 아프리카 사람들을 생각했다. 잠시 길에서 쉴 때마다 어떻게 알았는지 우리에게 다가오던 사람들. 본인이 눈이 안 보인다며, 혹은 자기 동네에 눈이 불편한 사람이 많으니 부디 와 달라는 사람들이다. 가난과 의료 미비로 실명의 기로에 서 있는 사람들에게는 그래도 우리가 희망이라는 사실이 다시 힘을 돋게 해주었다.

다시 기운을 냈지만 300킬로그램이 넘는 오토바이를 일으키기는 쉽지 않았다. 어디선가 마을 사람들이 몰려와서 우리를 도와주었다. 멀리서 찬송소리도 들렸다. 근처에 교회가 있는데 마침 오늘 밤에 모임이 있었다고 했다. 그 어두컴컴한 밤, 아무도 살지 않는 곳인 줄 알았는데 마치 내가 주저앉고 싶었을 때 옥합을 깨뜨린 여인을 보내 주셨듯, 하나님은 이 어두운 골짜기에도 우리를 돕는 손길들을 보내 주셨다. 넘어지고, 주저앉고, 실패했을 때 하나님의 뜻을 잘 헤아려야 한다.

준비를 더 하라든가, 앞으로 있을 성공에 교만하지 말라든가, 하나님만 보고 가라든가, 잠시 쉬라든가 꼭 주시는 말씀이 있다. 그리고 확신컨대 이 넘어짐 다음에는 더 큰 축복이 기다리고 있다는 것이다. 더 멀리 돌아갔지만 안전한 길을 택해 다른 숙소를 찾아서 어둠 속으로 달려갔다. 우리가 가야 할 길은 아직 많이 남아 있었다.

붉은 망토를 두른 천사

밤중에 어딘지도 모르고 무조건 들어간 숙소에서 자고 일어나 보니 큰 호숫가였다. 어디에선가 짭짤한 마른 멸치 냄새가 났다. 눈앞에 펼쳐진 작은 어선들과 어시장의 풍경은 우리나라의 작은 어촌 같았다. 아침에 모두 모여 큐티를 가졌다. 펼친 페이지에 다음과 같은 리처드 윙의 〈직업에 대한 감사 기도〉가 실려 있었다.

오, 하나님,

예수님이 목수였음을
베드로가 어부였음을
아브라함이 목자였음을
기억하게 하소서.

그리하여
정직하게 제 직업에 임하는 것에
시작한 일을 틀림없이 마무리하는 것에
손을 댄 이상 잘하도록 힘쓰는 것에
자부심을 느끼게 하소서.

밤길을 달려온 우리의 지친 몸과 마음을 주님이 알고 계셨다. 안과의사로서 아프리카의 어려운 형제들을 돕는 이 길을 자부심을 가지고 달려가라고 이 시를 읽게 하셨나보다. '끝까지, 틀림없이 마무리하고 잘하도록 힘쓸 것'을 다짐했다.
　말라위와 탄자니아의 국경 송웨에 도착했다. 아프리카에서는 국경이 다가올수록 막연한 불안과 긴장이 감돈다. 이번에는 또 얼마나 시간이 걸릴 것인가. 우리 팀의 짐을 싣고 온 차량은 더 이상 통과를 못하고, 탄자니아에서 새로운 차량으로 바꿔 타야 한다. 20개가 넘는 짐을 다 꺼내 새로 온 차에 실었다. 오전 11시, 출국신청서를 쓰고 세관으로 가려는데 아주 반가운 우리말이 귀에 쏙 들어온다. 붉은색 천에 검은 격자무늬 아프리카 전통 망토

4. 길에서 길을 배우다

눈앞에 펼쳐진 작은 어선들과 어시장의 풍경. 마치 우리나라의 작은 어촌 같았다.
베드로가 어부였음을 떠올렸다.

를 두른 천사, 우리를 도와주기로 약속한 분이 출입국관리소로 들어왔다. 한글학교 교장이기도 한 김태균 탄자니아 선교사였다. 김태균 선교사는 탄자니아 식약청에서 발행한 공문을 가지고 왔다. 그래도 통관은 한없이 길어졌다. 새로운 차에 실었던 짐을 조사한다고 해서 짐을 다시 길바닥에 펼쳐 놓았다.

바나나와 오렌지, 과자 등으로 허기를 달랬다. 국경에서 발이 묶이면 먹을 데가 없다. 김태균 선교사는 우리가 가지고 온 짐을 하나하나 까다롭게 검사하는 세관원들을 향해 유머로 대하며 분위기를 부드럽게 해주었다. 한국 사람의 급한 성격이 그대로 나타나는 내 얼굴은 아마도 붉으락푸르락했을 것이다.

아프리카에서는 출입국 관리소 직원이나 경찰을 만날 때 절대로 낯을 찌푸려서는 안 된다. 그들의 권위를 존중해야 한다. 우리가 서두르거나, 화를 내거나, 짜증을 내는 순간 그들은 더욱 화를 낸다. 이곳은 아프리카이니까 아프리카 방식으로 이해해야 한다.

아프리카 국경의 출입국관리소 직원과 세관원은 본인들의 일에 대해 절차와 원칙을 몹시 중요하게 여겼다. 대충 넘어가는 법이 없었다. 우여곡절 끝에 무사히 통관을 했다. 6시간이 걸렸다. 오랜 시간이 걸렸지만, 그래도 국경을 통과할 수 있다는 것이 다행이었다. 북한은 국경을 넘어갈 수도 없다. 여러 번 북한 아이 캠프를 계획했지만, 하나님께서 아직 허락지 않으시는 것 같다.

나와 권 목사님은 다시 오토바이를 타고, 아내와 딸 은유, 그리고 새로운 이동팀장 박선희 간사가 새로 온 차에 올랐다. 큰 버스의 반이 짐으로 꽉 들어찼다. 탄자니아 캠프를 위해 비행기를 타고, 버스를 타고 세관까지 마중 나온 김태균 선교사 덕분에 모든 절차가 순조롭게 진행되었다.

경황이 없어 제대로 인사도 못 나누었는데, 세관을 통과하

새롭게 출발하는 탄자니아팀.
(왼쪽부터 아내, 현지 운전기사, 박선희 간사, 나, 권 목사님, 딸 은유, 김태균 선교사)

고 나서야 비로소 김태균 선교사와 정식으로 인사했다. 탄자니아에 안과 선교사로 나가 있는 배지홍 선생님이 소개한 분이었다. 김태균 선교사는 예전에 대기업에서 일을 해서 그런지 행정 처리도 잘했다. 지금은 탄자니아에서 평일에는 사회적 기업을 운영하고, 주말에는 한글학교 교장 선생님으로 있다.

마사이족 붉은 망토는 멋으로 두른 것이 아니었다. 며칠 전에 말라리아에 걸려 아직 건강이 다 회복되지 않아 체온을 유지하기 위해 입은 것이었다. 그 몸으로 비행기를 타고 와 우리를 도와주었으니 얼마나 고마운지 몰랐다.

우리의 사역이 아무리 귀한 이념과 사랑의 마음이 있다고 하더라도, 또 전문적인 지식이 있다고 하더라도, 현지 사정에 밝은 선교사들과 한인 교회와 교포들의 도움이 없다면 일을 진행할 수 없다. 우리가 하나님과 함께 일하면, 하나님의 제자들이 도와줄 것이라는 믿음을 가지고 이 일을 한다. 사심 없이, 소처럼 일하는 우리에게 하나님은 종종 돕는 천사들을 보내 주신다. 지난 14년 동안 우리 사역이 이어져 온 것은 모두 이런 분들의 덕분이다.

5.

아프리칸 프라이드

오 하늘 아버지시여, 저희에게는 구할 것이 참 많습니다.
그래서 겸손히 기도합니다.
간절한 저희의 청원이 아버지의 거룩한 뜻에 일치되게 하소서.
— 존 녹스

아프리카는 공사 중

국경에서 우리가 탄자니아 아이캠프를 여는 다르에스살람까지는 1,000킬로미터. 이동시간만 해도 최소 2박 3일이다. 비전케어가 탄자니아에서 아이캠프를 여는 것은 이번이 처음이었다. 2016년 3월부터 이곳에서 사역 중인 의료 선교사 배지홍 선생님을 돕기 위해 계획한 것인데 첫 캠프는 변수가 많아 늘 아슬아슬하다. "내일 일은 난 몰라요." 찬양이 절로 흘러나왔다.

탄자니아는 세계 최대 야생동물 군집지인 세렝게티 국립공원과 말만 들어도 가슴 설레는 아프리카 최고봉 킬리만자로 산이 있는 나라로 수도는 도도마인데, 우리가 간 다르에스살람은 탄자니아 서쪽 인도양을 중심으로 발달한 최대 상업도시다. 탄자니아는 15세기 말까지 이슬람교가 지배하던 나라였는데 현재는 해안가 도시 중심으로 이슬람과 토착 종교가 강세이고, 기독교는 내륙 지방을 중심으로 50퍼센트 정도 분포되어 있다.

양옆으로 몇 시간을 가도 끝없는 차밭이 펼쳐져 있었다. 산에는 나무가 빽빽했다. 헐벗은 말라위 릴롱궤 주변의 산과는 아주 다른 풍경이었다. 30년을 내다보며 숲을 관리하는 영국식 조림사업 덕분이라고 한다. 누가 아프리카를 검은 대륙, 비극의 땅이라고 했을까. 그런 곳도 있겠지만, 내가 보기에는 생명력 넘치는 풍요의 녹색 대륙이었다.

이 아름다운 대지를 천천히 바라보면서 달리기로 마음을 먹었다. 탄자니아 국경에서 멀지 않은 작은 도시 음베아에서 하루를 쉬었다. 음베아 고원에서 나는 커피는 세계적으로 유명하다. 헤밍웨이가 즐겨 마셨다는 말도 있다. 음베아는 지방 도시인데도 차와 사람이 많고 거리도 번화했다. 아프리카의 도시에 들어갈 때마다 나는 정말 깜짝 놀랐다. 내 안에 자리 잡고 있는 아프리카에

5. 아프리칸 프라이드

아프리카는 생명력이 넘치는 풍요의 녹색 대륙이다.

대한 선입견이 의외로 단단하게 고정되어 있는 것 같았다.

내륙의 고원도시 이링가를 향해 달렸다. 320킬로미터를 가야 했는데 도로 상태가 예상보다 훌륭했다. 중국이 건설한 도로라고 했다. 탄자니아에도 중국 자본이 강타하고 있었다. 몇 킬로미터를 달렸을까? 허무하게 잘 닦인 도로가 사라졌다. 아직 공사 중이었던 것이다. 탄자니아는 곳곳이 공사 중이었다. 80킬로미터가 넘도록 흙길을 달렸다. 평균 시속이 20킬로미터밖에 되지 않았다. 5시간이면 넉넉한 거리를 9시간이나 걸려 도착했다. 하루 종일 마신 흙먼지와 매연이 지난 50여 년간 마신 것보다 훨씬 많은 듯했다. 진한 흙맛이 도는 탄자니아 커피향이라고 여기기로 했다.

우리 다음에 이 길을 달리는 사람들은 아마 모를 것이다. 이 도로를 만들기 위해 애쓰고 땀 흘린 사람들과, 그 길의 먼지를 마시며 달린 우리를. 하나님의 사역도 마찬가지다. 이 땅에 처음 들어온 선교사들과 그들의 애씀을 우리가 기억하지 못하듯 우리의 일도 잊힐 것이다. 그러나 예수님 때문에 이곳에 온 우리가 앞을 보지 못하는 환자들에게 준 기쁨의 이야기 한 편쯤은 남아 있을 것이다.

베일을 벗듯 환하게

아프리카 나라들의 국도를 오토바이로 달려가다 보면 많은 것을 본다. 이 나라의 흔한 나무들, 이 나라 사람들이 사는 나지막한 초가들, 차가 질주하는 도로를 한가롭게 지나는 물소 마차들, 그리고 걸어가는 사람들이다. 비행기에서는 절대로 볼 수 없는 풍경이다. 타기만 하면 졸게 되는 버스 안에서도 볼 수 없다. 이것이 내가 오토바이로 아프리카를 달리고 싶었던 이유였다.

　흰색 셔츠에 파란색 치마를 입고 학교에 가는 한 무리의 초등학교 여학생들을 지나쳐 갔다. 예쁜 두상에 딱 붙는 짧은 곱슬머리의 소녀들이 정겹게 손을 흔들어 주었다. 가방을 어깨와 가슴에 두르고, 맨발로 흙길을 걸어가는 모습이 마치 60-70년대 우리의 모습 같았다. 낯선 이방인들을 향해 수줍은 미소로 손을 흔들어 주는 아이들. 아프리카에 대해 들어 온 갖가지 끔찍한 이야

낯선 이방인들을 수줍은 미소로 맞아 주는
아프리카의 아이들.

기 때문에 낯선 경계심을 가졌던 내 마음이 눈 녹듯 녹았다. 물리적인 거리가 가까우면 정신적인 거리 또한 좁혀진다는 말이 떠올랐다. 그 말이 맞았다. 오토바이를 타고 여행하는 것은 사람과 공간의 벽을 허무는 것이다. 내 몸을 가리는 장벽이 없듯, 편견 없이 자유롭게 사물과 사람을 만난다.

　바람을 뚫고 바오밥 나무가 서 있는 강을 따라 동쪽으로 달

렸다. 탄자니아에는 세계에서 가장 큰 바오밥 나무 군락지가 있다. 이 나무들은 신기한 거대 조각품 같았다. 탄자니아의 산과 계곡은 크고 웅장하며 다양한 풍경을 보여 주었다. 아무리 달려도 전혀 지루하지 않았다.

이링가는 1600미터 고원에 위치한 작고 깨끗한 마을이었다. 연평균 기온이 18도 정도 되는 가을 날씨였다. 아프리카에서는 비교적 안전한 도시라고 알려져 있었다. 이곳에는 네마 크래프츠라는 게스트하우스 겸 식당 겸 장애인들이 만든 물건을 파는 선물가게가 있었다. 직원들이 장애인이었다. 카페 메뉴판 뒤에는 청각장애인 직원과 대화를 나눌 수 있도록 간단한 수화가 그려져 있었다.

네마 크래프츠는 2003년 영국 성공회가 이곳의 장애인들을 도우면서 그들의 자립을 위해 만든 작은 가게였는데, 규모가 커져 있었다. 처음에는 한 영국 여성으로부터 시작되었다고 한다. 산 꼭대기 작은 마을, 아무도 돌보지 않던 장애인들에게 살길을 열어 주는 이 의미 있는 일에 크리스천들이 헌신했다는 것이 자랑스러웠다. 아내는 좋은 일에 도움을 주기 위해 필통을 샀다. 많은 사람이 이런 기쁨으로 이 가게를 키워 갔을 것이다.

이링가에서 사파리를 할 수 있는 작은 국립공원 미쿠미로 가는 중이었다. 언뜻 'Bring the World to Jesus(세상을 예수님께 가까이)'라고 쓰인 버스를 봤다. 한 무리의 사람들이 무슨 촬영을 하는 것 같았다. 아프리카에 와서 새로 들어서는 모스크만 보다가 'Jesus'라는 단어를 보니 반가웠다. 그들과 이야기를 나눠 보고 싶었다. 길을 돌려 그들에게 갔다. 그들은 탄자니아 기독교TV 방송 팀이었다. 이슬람교가 대세인 이곳에 기독교방송이 있다는 것이 반가웠다. 처음 만나는 사람들인데도 마치 오랫동안 알고 지낸 것처럼 친밀하게 느껴졌다. 방송 팀은 우리와 같은 구간을 이

'Bring the World to Jesus(세상을 예수님께 가까이)'라고 쓰인 버스 앞에서 탄자니아 기독교TV 방송 팀과 함께.

동하는 중이었다. 그들에게 '눈을 떠요, 아프리카' 프로젝트를 소개했다. 주님이 허락하신다면 다르에스살람에서 다시 만날 수도 있을 것이다. 그렇지 않더라도 그들이 방송 작업을 하면서 안질환으로 고통받는 가난한 사람들을 보면 우리를 기억하고 연락을 줄 수도 있을 것이다.

30분쯤 달렸는데 이번에는 반대 차선에서 오토바이를 타고 가는 세 명의 바이커가 지나갔다. 한 달 넘게 아프리카 대륙을 달렸지만 오토바이를 타고 여행하는 그룹은 처음 만났다. 함께 이야기를 나누고 싶었지만, 서로 휙 하고 지나쳤기 때문에 아쉬운 마음으로 계속 달리고 있었는데 뒤에서 오토바이 소리가 들렸다. 그 바이커들이었다. 이번에는 그들이 우리를 만나려고 되돌아온 것이었다. 그들은 탄자니아 수도 다르에스살람에서 남아공까지 간다고 했다. 오늘이 여정의 첫날이라면서, 반가워서 가던 길을 돌려 우리를 쫓아왔다고 했다.

우리는 지금까지 얻은 귀중한 정보들을 알려 주었고, 그들도 다르에스살람의 믿을 만한 정비소를 알려 주었다. 마침 4,000킬로미터를 달렸기 때문에 오토바이 정비가 필요하던 차였다. 어쩌면 이렇게 시기적절하게 도움을 주는 사람들을 만나는 것일까. 그들과 언제 다시 만날지 모르지만, 서로의 안전을 바라며 헤어졌다.

선물 같은 만남은 또 이어졌다. 네마 크레프츠 숙소에서 우연히 한국인 여행자를 만났다. 휴가를 내고 이곳에 왔다는데 우리와 가야 할 일정이 같았다. 그분은 우리의 사역을 듣고 다르에스살람까지 동행하기로 했다. 여행은 사람을 만나는 것이다. 만남은 우리가 결코 혼자 살아갈 수 없으며 서로 관계를 만들며 살아가야 함을 알게 해준다. 좋은 사람들을 만나면 여행은 한층 즐겁고 풍요로워진다.

아프리카는 넓고 큰 땅이다. 아시아의 동쪽 끝에 사는 우리에게는 한없이 먼 곳처럼 느껴진다. 어떤 사람은 한 번도 아프리카 땅을 밟아 보지 못할 것이고, 평생 관계를 맺을 일도 없을 것이다. 그런 곳에서 우연히 만난 사람들을 앞으로 어떻게 다시 만나게 될지 지금은 알 수 없다. 그러나 언젠가 하나님께서 그리시는 큰 그림 안에 그 만남의 이유와 결과를 보게 될 것이다. 베일을 벗듯 환하게.

어디든지, 언제든지, 무엇이든지

말라위에서 탄자니아의 다르에스살람까지는 1,500킬로미터, 4박 5일을 달려왔다. 말라위 국경을 넘고도 3박 4일이 걸렸다. 남아공 케이프타운 희망봉에서 대서양을 보고, 한 달 동안 5,500킬로미터를 이동해 인도양에 닿은 것이다. 탄자니아만 해도 우리나라보다 10배는 큰 나라다.

번화한 도시와 풍요한 자연환경을 보면서 우리가 아프리카에 대해 잘못 알고 있다는 것을 매번 깨달았다. 물론 우리가 TV에서 보는 것처럼 아프리카 대륙 어느 곳에서는 굶는 사람도 많을 것이다. 그러나 너무 많이 먹어 당뇨병 환자나 고혈압 환자가 늘고 있는 것도 사실이었다. 내전으로 비참하고 황폐한 곳도 있겠지만, 고층 건물이 올라가고, 외제차가 다니고, 아이들의 수가 점점 늘어나는 곳도 있었다. 세계 각국에서 돕고 있는 에이즈와 말라리아 퇴치 프로그램 그리고 모자보건 지원 사업들이 성과를 거두고 있는 것이었다. 이 큰 대륙에 어떤 일이 일어나고 있는지 전체적으로 알 수는 없는 노릇이지만, 내가 달려온 길에서 느낀 것은 미래의 아프리카는 풍요로운 대륙이 되리라는 확신이었다.

다르에스살람은 아랍어로 '평화의 도시'라는 뜻이다. 탄자니아의 옛 수도이자 가장 큰 무역항이다. 한국은 무더위가 한창인 8월이었지만, 우리가 달려온 남부 아프리카는 겨울이라서 아프리카의 추위를 제대로 경험했다. 영하로 떨어지지는 않지만 뼛속을 파고드는 날씨였다. 그런데 적도를 넘어 탄자니아로 오면서 슬슬 아프리카의 더위가 피부에 와 닿았다. 해안가인 다르에스살람도 무척 더웠다.

오랜만에 한인교회에서 예배를 드렸다. 동행한 권 목사님이 설교했다. 목사님은 교회에 오니 힘이 펄펄 나셨다. 나는 수술실에서 힘이 나고, 목사님은 교회에 오면 기운이 난다. 목사님은 빌립보서 1장 20-21절 말씀을 전했다.

"나의 간절한 기대와 소망을 따라 아무 일에든지 부끄러워하지 아니하고 지금도 전과 같이 온전히 담대하여 살든지 죽든지 내 몸에서 그리스도가 존귀하게 되게 하려 하나니 이는 내게 사는 것이 그리스도니 죽는 것도 유익함이라."

목사님은 한국을 떠나온 지 겨우 한 달밖에 지나지 않았는데도 가족이 그립고 교인들이 보고 싶은데, 멀리 아프리카 이방에서 10년을 넘어 20년 이상 살고 계신 선교사들과 교우들은 얼마나 한국이 그립겠는가 하며 위로해 주었다. 하지만 우리에게 사는 것이 그리스도니 죽는 것도 유익하며 선교를 위해서라면, "어디든지, 언제든지, 무엇이든지!" 하나님께서 원하는 곳에 가서 순종하자고 했다.

권 목사님은 젊은 시절, 기독교인에 대한 무차별 테러가 자행되던 파키스탄에서 선교사로 있으면서 매일 아침 이것이 아내에게 하는 마지막 인사일지도 모른다는 마음으로 문밖을 나섰다고 한다. 아프리카로 출발할 때는 권 목사님 사모님이 오토바이를 타고 나가는 목사님을 배웅하면서 그런 심정을 느꼈다고 한다. 이 말씀을 들으면서 2002년, 파키스탄 카라치의 선한사마리아병원에서 첫 사역을 준비하고, 시작하던 때가 생각났다.

첫발을 떼다

2001년 9월 11일, 미국 뉴욕의 세계무역센터에 비행기가 돌진하면서 3,000여 명이 희생되었다. 110층짜리 쌍둥이 건물이 무너져 내리는 그 끔찍한 장면에 커다란 충격을 받았다. 도대체 왜, 어떤 증오심으로 저런 무자비한 일을 저지른 것일까? 이슬람교에 관한 관심이 생겼다. 이슬람에 대한 책을 읽고, 선교대회와 이슬람 세미나를 다니면서 공부했다. 내가 할 일이 생긴 것 같았다.

그전에는 해외 선교나 의료 선교에 관심이 없었다. 우리 병원 간호사가 선교사로 가고 싶다고 하면 "여기 일이나 잘하세요. 이게 선교입니다"라고 하던 사람이었다. 그러던 내가 무슬림들의 증오를 예수님의 사랑으로 갚아 보고 싶은 마음이 들었다. 내가 가진 달란트이자 내가 가장 잘할 수 있는 안과 수술을 가지고.

9·11 이전에 내가 만난 유일한 무슬림은 파키스탄 사람이었다. 1998년 3월 중순, 전문의가 되어 처음으로 해외에서 열리는 국제학술대회에 갔을 때였다. 두렵기도 하고 들뜨기도 한 기분으로 싱가포르행 비행기를 탔다. 비행기 안에는 거무튀튀한 남자들로 가득했다. 파키스탄 청년들이라고 했다. 30명이 넘어 보였다. 그들은 불법 취업자들로 강제 출국되는 것이었다. 파키스탄으로 직행하는 비행기가 없어 싱가포르에서 환승을 하는 모양이었다. 추방이었지만 집으로 돌아간다는 것이 기뻤는지 청년들은 가족에게 줄 선물 보따리를 서로 열어 보이면서 즐거워했다.

두 시간쯤 비행했을까? 옆 좌석에 앉은 파키스탄 청년이 진

땀을 흘리면서 가슴을 움켜쥐고 괴로워했다. 승무원이 달려왔다. 동료들이 자리를 만들어 청년을 눕히고 손발을 주물렀다. 심상치 않았다. 의사임을 밝히고 그 청년을 진찰했다. 단순한 급체가 아니라 심근경색으로 판단되었다. 산소마스크를 씌우고 혈압과 맥박을 확인하는 데 환자가 숨을 몰아쉬더니 의식을 잃었다. 나는 꽃동네에서 하던 대로 목을 젖혀 기도를 확보하고 심폐소생술을 했다.

잠시 후, 상태가 호전되는 것 같아 기장에게 제대로 된 치료를 위해 가장 가까운 곳에 비행기를 내려야 한다고 말했다. 그곳에서 10분 정도 거리에 있는 홍콩에 임시로 착륙하기로 했다. 그런데 그 청년은 10분을 견디지 못하고 비행기가 공항에 도착하자마자 숨을 거두고 말았다.

홍콩 응급구조대가 청년의 시신을 들것에 실어 비행기에서 내렸다. 친구로 보이는 청년들이 따라 내리다가 내게 다가와 고맙다고 인사를 건넸다. 죽은 청년은 32살이고 고향으로 돌아가는 길이었다고 말해 주었다. 그때 검은 피부와 슬픔이 가득한 큰 눈동자의 마른 청년들이 내가 처음으로 만난 무슬림들이었다.

무슬림을 위한 의료봉사의 뜻을 세우니 길이 조금씩 열렸다. 의료선교대회와 아가페모임 금식수련회에서 파키스탄 카라치에 있는 선한사마리아병원에 대해 듣게 되었다. 선한사마리아병원은 한국대학생선교회에서 1991년에 한국 선교병원으로는 유일하게 이슬람 지역에 세운 병원이었다. 병원은 파키스탄에서도 위험하기로 소문난 빈민가인 오랑기타운에 있었다. 마침 그 병원에는 안과가 없었고, 10년 동안 창고로 쓰며 닫혀 있던 수술실이 있었다. 이 병원을 돕기로 했다. 단기 의료선교가 아니라 정식 안과를 세우고 정기적으로 가서 무료 수술을 해주면 어떨까 하는 구체적인 계획을 짰다.

먼저 우리 병원 간호사 가운데 선교의 꿈이 있던 하진심 간호사를 정식으로 선교사 훈련을 시켜 6개월 전에 미리 파견했다. 그곳에서 필요한 것이 무엇이고, 우리가 무엇을 준비해야 할지 알아보기 위해서였다. 1억 5,000만 원어치의 장비를 구입해서 한 달 전에 파키스탄으로 보냈다. 이왕 하려는 사역을 나는 정말 잘해 보고 싶었다.

2002년 9월 20일, 파키스탄으로 출발하는 날이었다. 팀원들은 비행기에 올랐지만, 나는 차마 탈 수가 없었다. 한 달 전에 보낸 수술 장비가 아직도 통관이 안 된 채 세관에 묶여 있다는 소식을 들었기 때문이다. '기계도 없는데 이대로 파키스탄에 가야 하는가?' 밖에서 기도하고, 기도하고, 또 간절히 기도했다. 비행기 문이 닫히기 몇 분 전에야 기계가 통관되었다는 전화를 받았다. 나도 모르게 "할렐루야! 감사합니다"라고 외쳤다. 비행기 안으로 서둘러 들어가며 이 일은 내가 하는 것이 아니라 하나님께서 시작하셨고, 하나님께서 마치실 것이라는 확신이 들었다.

선한사마리아병원 수술실은 10년 동안 창고였다고 생각할 수 없을 정도로 깨끗했다. 몇 번의 물청소와 개수대, 에어컨까지 설치하느라 고생한 분들 덕분이었다. 그런데 홍보가 제대로 되지 않아, 한 선교사는 수술하는 날 환자가 없어 당황하는 꿈까지 꿀 정도로 걱정했다고 한다. 하지만 3일 동안 500명이 넘는 파키스탄 사람이 진료를 받았고 그 가운데 74명이 수술을 받았다. 대부분이 무슬림이었다.

파키스탄에서의 기독교 선교는 1833년으로 거슬러 올라간다. 미국 선교사에 의해 시작된 선교는 1873년 푸르하족의 딧뜨라는 가난한 청소부가 예수님을 받아들임으로 첫 열매를 거뒀다. 그 후 이 부족 전체가 크리스천이 되는 집단 개종이 있었다. 이들은 힌두교 천민 계층이었는데 오늘날도 기독교인의 주류는 최하층이다. 파키스탄에서 신분질서를 벗어나 무슬림에게 전도하기란 현실적으로 어려운 일이다. 그러나 아이캠프를 열면 무슬림도 우리를 찾아온다.

첫 수술 환자는 선교사들이 살던 집 문지기였다. 한쪽 눈은 이미 실명해서 의안을 꼈고, 나머지 눈에 백내장이 온 사람이었다. 우리가 오기 전날 성경 공부를 하러 왔다가 소식을 알게 된 교회 관리 사찰도 수술을 받았다. 단추가 안 보여 겨우 옷을 입었는데, 수술을 받고 나서 단추가 환하게 보인다며 기뻐했다. 아직 선교사들이 들어가지도 못한 곳에서 온 환자가 수술을 받고 눈이 회복된 후 병원 사람들을 자기 마을로 초대하는 일도 있었다. 놀랍고 감사한 첫 번째 사역이었다.

마지막 날, 아침 예배 시간에 선교사님이 갑자기 나에게 말씀을 부탁했다. 성경을 펼쳐 평소 묵상하던 누가복음 10장 25절부터 37절까지 읽으려고 했다. 그런데 27절 말씀을 읽는데 눈물이 터져 나와 더 이상 읽을 수가 없었다. "네 마음을 다하며 목숨을 다하며 힘을 다하며 뜻을 다하여 주 너의 하나님을 사랑하고 또한 네 이웃을 네 자신같이 사랑하라…."

그동안 힘들게 캠프를 준비했던 일들과 비행기 타기 전까지 마음을 졸이던 일들, 눈을 뜨고 기뻐하던 환자들과 우리와 함께하신 하나님의 은혜가 너무 감사해 울음을 멈출 수 없었다. 선교사님이 나를 대신해 현지 언어인 우르드어로 나머지 선한 사마리아인의 비유를 읽어 주었다. 우르드어는 아름다운 찬송처럼 들렸다.

예수님은 선한 사마리아인의 비유 마지막에 "가서 너도 이와 같이 하라"고 하셨다. 나는 아무 이해관계가 없는 강도당한 이웃을 선한 사마리아 사람처럼 끝까지 돕는 것을 원칙으로 삼았다. 백내장에 걸려 앞을 볼 수 없는 사람이 길에서 강도를 만난 사람처럼 느껴졌기 때문이다.

첫 아이캠프의 수술을 마치고 뒷정리를 하는데, 그날 카라치 시내에 있는 어느 기독교 NGO가 총격을 당해 8명이 죽었다는 소식을 들었다. 그러나 나는 다음 해에는 2번, 그다음 해에는 3번 카라치로 갔다. 그렇게 첫 발자국을 뗀 것이 벌써 14년이 흘렀다.

38번째 국가

비전케어는 그간 37개국을 다니며 아이캠프를 열었다. 이번에 방문한 탄자니아는 38번째 국가인 동시에 처음 캠프를 여는 나라였다. 탄자니아에 대해 아는 바도 적었고, 캠프를 진행하기 위한 준비 절차도 낯설었다. 우선 우리와 협력할 병원을 찾는 것부터가 쉽지 않았다. 무힘빌리 병원은 주 탄자니아 대한민국 대사관 송금영 대사를 통해 연결되었다. 무힘빌리 병원은 인터내셔널 병원으로 원내에 의대가 있는 탄자니아에서 가장 큰 병원이었다. 병원 내에 홍보 부서가 따로 있는 규모의 병원이라 외국 단체인 우리와의 협력을 위한 절차는 쉽지만은 않았다.

처음에는 몹시 긴장했다. 아직 병원과의 신뢰가 쌓이지 않은 것도 있고, 한국이라는 낯선 나라에서 온 의사들이 자국의 환자들을 보는 것에 대한 현지 의사들의 불편한 마음을 알고 있었기에 더욱 조심해야 했다. 절대로 우리 방식을 고집하지 않는다는 것과, 현지 시스템을 최대한 존중하고, 그들의 의사를 따른다는 평소의 원칙을 지켜 나갔다.

우리와 협력하며 캠프를 진행한 사람은 닥터 셀리나로 무힘빌리 병원 전체를 총괄하는 안과의사였다. 한국의 세브란스병원에서 1년을 공부한 닥터 셀리나는 서툰 한국말로 "안녕하세요"라

무힘빌리 병원 의료진들과 함께.

고 말하며 우리를 반겨 주었다. 닥터 셀리나의 말에 의하면 무힘빌리 병원에는 탄자니아의 50명의 안과의사 중 12명이 있다고 했다. 크기가 우리나라의 10배가 넘는 넓은 나라에 인구가 5,000만 명인데 안과의사가 50명밖에 없다니 믿기지 않았다.

수술 첫날은 우리와 무힘빌리 의료진들이 서로 조심하며 다가가는 시간이었다. 도와주기는 하나 아직 전폭적으로 신뢰하지는 않는 것 같았다. 비협조적이고 약간 고자세였다. 하지만 우리가 수술하는 것을 본 무힘빌리 병원 의사들은 놀라는 눈치였다. 시간이 흐르면서 그들이 우리에게 보내는 신뢰와 호감이 급상승하는 것이 느껴졌다. 2차 팀이 서울에서 탄자니아로 가져온 짐들이 아직도 공항 세관에 잡혀 있어 수술실에 들어가기 위해 꼭 필요한 소모품인 헤어캡과 마스크 등이 모자랐다. 무힘빌리 의료팀은 언제든지 자기 것을 쓰라고 흔쾌히 말해 주었다.

3박 4일을 함께 있으면서 우리에게 마음을 여는 사람이 많아졌다. 매일 의대 학생들과 레지던트들, 교수들이 수술실에 들어와 참관을 했다. 나는 일일이 수술 과정을 오픈하고 자세히 설명해 주었다.

무힘빌리 의과 대학생들은 공부도 많이 하고 똑똑했다. 학생들의 공책을 보니 공부를 많이 한 티가 났다. 레지던트와 교수들 가운데는 레소토와 우간다에서 온 사람들도 있었다. 이 병원이 아프리카의 여러 지역의 의사들을 교육하는 곳이었다. 처음 무힘빌리 병원에서 아이캠프를 열기로 했을 때 굳이 이렇게 큰 병원에서 수술을 해야 하나 조금 망설였는데, 결과적으로는 우리 사역의 중요한 부분인 현지인 의사들을 교육하는 일을 하게 된 것이었다.

탄자니아 의사들은 우리에게 어디서 영어를 배웠느냐고 묻기도 했다. 그 병원으로 매년 일본 안과의사 팀이 왔다는데, 그들은 영어를 잘 못하고 자기들끼리만 수술하고 대화를 했다고 한다. 우리는 일본에서 주고 간 기계가 노후되고 작동이 잘되지 않는 것을 보고 우리가 가져온 기계를 설치해 주기로 했다. 그 대신 무힘빌리 대학병원은 배지홍 선교사를 교수로 등록하기로 했다. 대학병원 측은 세관에 묶여 있는 우리 짐들을 통관할 수 있도록 협조해 주었다.

무힘빌리 병원의 의료진과 우리는 함께 식사를 하며 남아 있던 작은 벽마저 허물어 버렸다. 단지 일어나서 자기소개를 했을 뿐인데도 큰 박수와 웃음이 오갔다. 맛있는 음식과 서로 나누는 포옹으로 국적도 인종도 다른 사람들이 단 3일 만에 친구가 된 것이다.

늦게 와서 미안해요, 하디자

할아버지 한 분이 진료실로 들어왔다. 무스타파란 이름의 할아버지는 몇 년 전, 오토바이를 타고 가던 중 옆으로 지나가던 자동차에서 갑자기 열린 문에 얼굴과 눈을 심하게 부딪쳤다고 했다. 그때부터 왼쪽 눈이 잘 보이지 않았는데 작년부터는 전혀 볼 수 없는 상태에 이르렀다고 했다.

지난달, 그 지역에 있는 툼비 병원으로 진료를 받으러 갔는데, 담당 의사가 8월에 무힘빌리 병원으로 한국에서 안과의사가 오니 그때 수술을 받으라고 추천을 해주었다고 했다. 눈에서 수정체가 완전히 떨어진 상태에다 증상이 너무 복잡해 그곳 기술로는 치료가 어렵다는 판단을 내렸었나보다. 할아버지는 무사히 수술을 마쳤다. 5년 동안 갇혀 있던 어둠에서 벗어난 것이 기뻤는지 활짝 웃으며 고맙다고 했다.

잔지바르에서 선교사로 사역하고 있는 한국 여성 선교사 한 분이 한쪽 눈이 불편한 탄자니아 여인과 함께 아이캠프를 찾아왔다. 잔지바르는 탄자니아 동쪽 해안에 위치한 작은 섬이다. 다르에스살람으로 오려면 페리를 타고 두 시간 정도 와야 한다. 탄자니아뿐 아니라 아프리카에서도 유명한 관광지가 된 그곳은 잔인한 노예무역이 성행하던 곳이었다. 참회하는 마음으로 옛 노예시장 터에 세웠다는 교회는 유명한 관광명소였지만, 그곳 사람들의 99퍼센트가 무슬림이었다.

검은색 히잡을 쓰고 온 그 여인은 지난 1월부터 눈이 잘 보이지 않아 병원에 가서 진찰을 받았지만 큰 차도가 없었다고 했다. 우리가 다르에스살람에 왔다는 소식을 듣고 한인 선교사와 함께 기대에 차 찾아온 것이다. 손에는 옷가지를 챙긴 보따리까지 들고 있었다. 입원 준비를 하고 온 모양이었다.

이름은 하디자였고 나이는 25세, 생각보다 어린 나이였다. 잔지바르는 이슬람의 영향으로 조혼 풍습이 있는 곳이다. 그녀의 눈을 검진했는데 절망적이었다. 외상성으로 인한 안구 파열과 각막염으로 각막 혼탁이 심했다. 초기에 진료를 받았다면 희망이 있었을 텐데, 너무 늦었다. "왼쪽 눈은 빛조차 볼 수 없겠네요. 너무 늦었어요. 더 이상 할 수 있는 방법이 없습니다. 오른쪽 눈도 앞으로 위생관리를 잘해야 실명이 되지 않습니다"라고 말을 하니 같이 온 선교사가 먼저 울먹였다. "어떻게 하지요? 이 사람은 농사짓는 사람인데…."

아프리카에서 농사를 지으려면 강한 햇빛과 먼지 속에서 늘 손에 흙을 묻히며 일해야 한다. 한쪽 눈이 안 보이니 넘어지거나 나뭇가지에 걸려 다치기도 쉽다. 수입이 얼마 되지 않으니 병원도 갈 수 없다. 선교사에게 진단 결과를 들은 하디자는 처음에는 덤덤한 듯하더니 천천히 미간으로 손을 올리고 눈 주변을 매

만졌다. 흐르는 눈물을 슬며시 닦던 그녀는 몸에 두르고 있는 검은 스카프에 얼굴을 깊숙이 묻더니 몸을 들썩이며 크게 울기 시작했다.

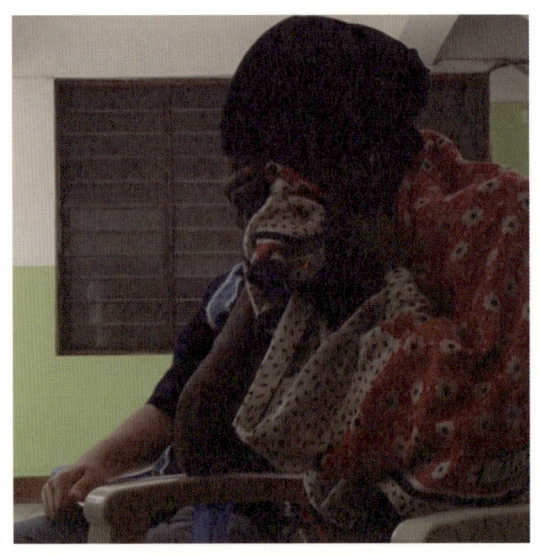

수술을 받지 못한 슬픔에 빠져 있는 하디자.

　　　이럴 때 의사는 가슴이 무너진다. 아직 어린 나이의 그녀가 앞으로 지고 가야 할 삶의 무게는 얼마나 무거울 것인가. 기대에 차서 진찰실로 들어왔으나 절망만 안고 돌아가야 하는 환자에게 내가 할 수 있는 일이라곤 위로 몇 마디 하는 것뿐이다. 우리가 좀 더 일찍 왔더라면 하디자의 눈을 고칠 수 있었을까? 더 늦기 전에, 하디자와 같은 불행한 사람이 나오기 전에 한 사람이라도 더 실명의 위험에서 구해 주는 것. 그것이 내가 아프리카에서 해야 하는 일이다.

고바에서 만난 압둘라

　다음 날, 다르에스살람에서 약 30킬로미터 떨어진 고바라는 지역으로 의료봉사를 나갔다. 다르에스살람의 한인교회 목사님 사모님이 사역하시는 시골 유치원이었다. 펜라이트와 안압계 등 간단한 진료장비와 안약을 챙겨 오토바이를 탔다. 탄자니아 시골로 진료를 보러 가는데 가슴이 설렜다. 오토바이를 타고 아프리카를 달려온 보람이 있었다.

　30킬로미터는 그리 멀지 않은 거리다. 한국 같으면 10분 내지 20분이면 도착한다. 하지만 탄자니아에서는 이 거리를 가려면 넉넉히 한 시간을 잡아야 한다. 길 곳곳이 공사 중이라 예기치 못한 곳에서 흙과 자갈길을 만났다. 고바로 가는 길은 산길이었다. 울퉁불퉁한 길을 따라 조심조심 달려가는데, 아이들이 우르르 우리를 따라 달려오는 것이 보였다. 흙탕물이 가득한 웅덩이들을 피해 가며 쓰레기가 여기저기 널린 마을에 들어섰다.

　속도를 늦추자 아이들이 또 우리를 둘러쌌다. 아이들의 관심은 내가 아니라 오토바이였다. 호기심이 가득한 까만 눈동자가 반질반질 빛났다. 한국에서 안과의사가 온다는 소식을 듣고 사람들은 벌써 우리를 기다리고 있었다. 공터에 지어진 평상 위에는 여자들이, 조금 떨어진 그네가 있는 나무 밑에는 남자들이 앉아 있었다.

　유치원 사무실에 진료실을 급조했다. 처음 진료를 시작하자마자 두 눈에 모두 백내장이 있는 환자가 들어왔다. 다음에 들어오는 사람도, 그다음도 또. '이거 큰일이구나' 생각하는데 붉은색 셔츠를 입은 잘생긴 젊은 남자 하나가 완전히 앞이 보이지 않는지 하얀 지팡이를 짚고 들어왔다. 39세의 압둘라 이사야였다. 16년 전부터 잘 안 보이기 시작했는데, 5년 전부터는 전혀 보이지 않는다고 했다. 진단을 해보니 눈에는 이상이 없는데 시신경이 모두 죽어 있었다. 이런 환자는 눈이 문제가 아니라 머리에 종양이 있는가를 먼저 봐야 한다. 처음 병원에 갔을 때 CT나 MRI로 검사를 했어야 했다. 압둘라의 경우는 보고 못 보고의 문제를 넘어 죽고 사는 문제였다. 큰 병원에 가보라고 했는데 갈 수는 있을지 답답하고 안타까웠다. 돌아가는 뒷모습이 한없이 막막해 보였다. 실낱같은 희망이 사라져서 그럴 것이다. 눈물이 났다. 압둘라는 앞으로 얼마나 살 수 있을까?

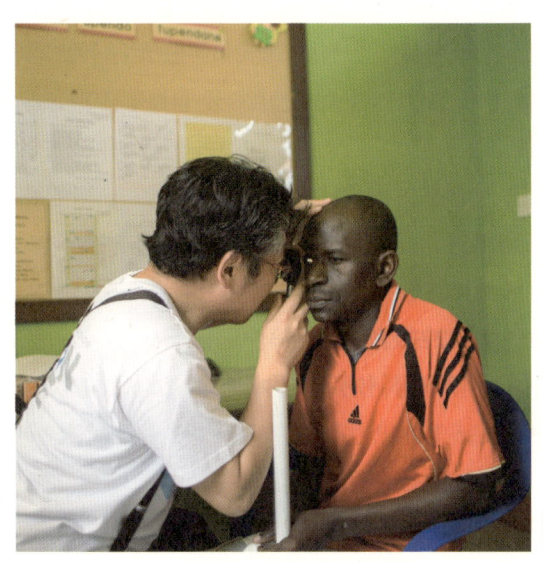

큰 병을 앓고 있는 압둘라.
그의 돌아가는 뒷모습은 한없이 막막해 보였다.

고바는 월 평균 임금이 100달러 미만인 탄자니아에서도 가난한 동네다. 게다가 돈이 있어도 근처에 갈 병원이 없다. 한국에서 온 안과의사, 그것도 잠깐 머물며 진찰하러 온 나를 바라보는 그들의 얼굴이 간절했다. 병원에 가서 수술을 받을 수 있도록 10명 정도에게 서류에 사인을 해주었다. 진료를 마치고 우리를 따라 달리던 동네 꼬마들과 기념 촬영을 했다. 스무 명 남짓한 아이들의 얼굴은 동네 어귀를 밝혀 주던 예쁜 꽃처럼 환했다. 눈이 부셨다. 부디 이 아이들의 미래에는 지금보다 더 나은 아프리카가 되어 있기를 진심으로 기도했다.

무힘빌리 병원은 소아안과도 있었다. 우리와는 다른 수술실을 쓰고 있었다. 이곳에서는 탄자니아 안과의사들이 아기들의 안구를 적출하고, 의안을 끼우는 수술을 했다. 망막상피종양에 걸린 아이들이었다. 암세포를 제거하려면 안구를 뽑아야 한다. 권 목사님은 의안을 끼운 아기들이 아무것도 모른 채 방긋방긋 웃는 모습을 보고 가슴 아파하셨다. 내 아내는 두 눈이 보여도 살기 힘든 세상에서, 보지 못하고 살아가야 할 그 아이들을 지켜볼 엄마의 심정이 되어 더 안타까워했다. 주님을 믿는 것밖에는 없었다. 하나님은 우리 눈에 보이지 않는 길을 알고 계시니, 압둘라와 실명한 그 아이들을 위한 가장 좋은 길도 예비하셨을 것이다.

무힘빌리 병원 안의 벽에는 아프리카의 동물들뿐 아니라, 어머니들을 교육하기 위한 그림이 그려져 있었다. 아기들이 모기에 물리지 않도록 모기장을 쳐주고, 태양빛에 노출되지 않도록 가려 주고, 장작불 위의 뜨거운 물에 화상을 입지 않도록 주의를 당부하는 그림들이었다. 병원이 질병과 사고를 예방하기 위해 글을 못 읽는 엄마들의 교육을 벽화를 통해 하고 있었다.

무힘빌리 병원에서의 나흘 일정은 금방 지나갔다. 어쩌면 서로 손 한 번 잡아보기에도 어려울 짧은 시간이었지만 마음을 합하고 다음을 기대하기에는 충분한 시간이었다. 탄자니아의 안과 질환 환자들을 위한 협력은 이제 겨우 한 걸음 나아갔다.

우리를 따라다니던 동네 꼬마들과 찍은 기념 사진.
아이들의 얼굴은 동네 어귀를 밝혀주던 예쁜 꽃처럼 환했다.

하파카지투

탄자니아에서 가장 영향력이 있는 신문인《가디언》에 우리 기사가 실렸다. 닥터 셀리나 등 탄자니아의 의사들과 50명의 환자를 수술했으며, 앞으로 이곳 의사들에게 백내장 수술 훈련을 제공할 것이라는 내용과 비전케어 탄자니아 지부를 오픈하고 기계들과 의약품들을 기증하기로 했다는 내용이었다. 특히 우리가 남아공에서 우간다까지 7,000킬로미터가 넘는 거리를 오토바이와 자동차로 이동하며 실명 구호 활동을 하고 지역병원의 협력을 강화하고 있다고 보도했다.

기자들은 실명방지국제기구(IAPB)에서 발표한 일련의 통계자료에 상당히 놀라고 있었다. 아프리카에는 590만 명이 맹인으로 추정되며, 약 2,630만 명이 시각장애로 고통받고 있다는 것과 아프리카의 실명과 시각장애 비율은 73퍼센트로 다른 지역보다 상당히 높다는 사실도 함께 보도했다.

또한《가디언》은 "안과 질환은 적절한 예방과 치료에 의해 회복될 수 있지만, 열악한 생활환경 때문에 매일 시력을 잃어가는 사람이 많다"는 내 말을 인용하면서, 우리 비전케어가 치료와 수술뿐 아니라 안과 질환과 실명 예방을 위한 지역주민의 보건교육까지 다양한 지원을 함으로써 의료 상황을 개선하고 있다고 강조했다.

그러자 얼마 후 신문기사를 봤다면서 한 프랑스 남자가 우리를 찾아왔다. ATD Forth World라는 NGO에서 활동하고 있는 분이었다. 이 단체는 1950년에 프랑스 빈민가에서 시작되어 세계 빈민 퇴치 운동을 벌이는 NGO였다. 그분은 우리와 함께 협력하고 싶다고 했다. 그 활동가는 독특하게 탄자니아 사람들과 같아지기 위해 차 없이 걸어 다닌다고 했다. 자동차에 익숙한 서양인이 불편을 감수하면서 그렇게까지 하기가 쉽지 않을 텐데, 그 마음이 훌륭했다.

한국의 연합뉴스 김수진 기자도 우리를 취재하러 왔다. 무힘빌리 병원에서 인터뷰했다. 김 기자는 그날 오전, 수정체가 절반 이상 손상돼 현지 병원에서 손을 쓰지 못하고 있던 외상성 백내장 환자의 수술을 내가 집도했고, 이를 참관한 의료진과 의과대 학생들의 감탄을 자아냈다고 기사를 타전했다.

비전케어 실명 예방 캠프 소식이 실린
탄자니아 현지 신문.

그동안 '눈을 떠요, 아프리카' 프로젝트 소식을 비전케어 페이스북에 올리고 있었는데, 이 기사가 네이버에 메인으로 올라가자 갑자기 관심이 폭발했다. 중앙일보, 한국일보, 국민일보, TV조선, CBS 라디오, 크리스천투데이 등 여기저기서 인터뷰 요청이 들어왔다. 모두 흔쾌히 응했다. 그동안 군이 홍보를 하려고 애를 쓰거나 광고에 돈을 쓰지 않았는데, 비전케어의 사역이 의미가 있다는 것을 자연스럽게 알려 주는 이런 홍보는 마다할 이유가 없었다.

탄자니아 마중구 감리교 감독이 우리를 자신이 시무하는 교회에 초대해 주었다. 나와 동행한 권 목사님과는 전부터 아는 사이였다. 감독님은 탄자니아 분이지만 한국에서 신학을 배웠다. 한국인인 사모님도 목사님이었다. 교회 찬양대원들은 탄자니아 고유의상을 입고 있었는데 신나게 춤을 추며 〈할렐루야 주 찬양〉을 한국말로 불렀다. 한식이 푸짐하게 준비되어 있어 더욱 즐거웠다.

마지막 날 저녁에는 송금영 탄자니아 대사가 만찬을 베풀었다. 송 대사는 부임한 후 8개월이 지났지만 아직 의료봉사를 온 팀을 본 적이 없다고 했다. 국위를 선양하는 것과 함께 좋은 일을 해줘서 감사하다는 인사를 했다. 그러면서 탄자니아는 정권이 바뀐 후 '하파카지투' 정신을 구호로 삼고 있는데 비전케어도 그 정신으로 해달라고 당부했다. 하파카지투는 탄자니아어로 '열심히 일하자'라는 뜻인데 1970년대 우리나라의 '잘 살아보세'를 표어로 내세운 새마을운동이 생각났다.

우리가 병원에서 만난 탄자니아 젊은 의사들도 같은 말을 했다. "우리는 지금까지 뽈레 뽈레(천천히 천천히) 때문에 발전하지 못했다. 한국은 그동안 하라카 하라카(빨리 빨리) 해서 큰 발전을 하지 않았나. 우리가 너희를 따라가려면 하파카지투 정신으로 하라카 하라카 해야 한다." 지금까지 아프리카에서 한 번도 듣지 못했던 말이었다. 보통은 "아프리카에서는 천천히"라고들 했다. 탄자니아는 정말 변하고 있었다.

아프리칸 프라이드

아름다운 인도양에 맞닿은 도시 다르에스살람 무힘빌리 병원에서 아이캠프를 마쳤다. 무힘빌리 병원은 낙후된 병원이 아니었다. 조직이 잘 되어 있고 운영 시스템이 훌륭했다. 표면적으로 보면 굳이 우리가 협력하지 않아도 될 병원이었다. 그러나 현지 의사들은 한국 의사들의 수술 속도와 능숙함에 놀랐다면서 발달된 의료기술을 공유하며 협력하기를 원했다. 그래서 무힘빌리 병원과 양해각서(MOU)를 체결했다. 우리나라의 대외경제협력기금 차관으로 새로 짓고 있는 무힘빌리 대학병원이 곧 완공될 예정이었다. 앞으로 의료 활동, 의료 교육, 의료봉사 등을 함께할 것이 기대되었다.

케냐로 향했다. 지금부터 또 2박 3일을 달려야 했다. 아프리카는 정말 큰 대륙이다. 지금까지 온 길을 돌이켜 보면, 고생스러웠지만 모두 신기하고 아름다웠다. 앞으로 가는 길도 그러할 것이다. 하나님께서 지으신 위대한 자연은 아무리 좋은 카메라로 촬영을 해도 다 담아낼 수 없다. 떠오르는 해와 바람에 흔들리는 나무들과 그 사이로 반짝이는 푸른 바다와 쏟아지는 별빛, 그리고 부드러운 달빛까지. 이렇게 카메라에 담지 못할 정도로 아름다운 세상을 보지 못하고 시력을 잃어 가는 환자들에게 다시 빛을 선물해 주고 싶다.

다르에스살람에서 북쪽으로 한 시간쯤 달려 바가모요라는 해안가 작은 마을에 들렀다. 탄자니아부터 동행한 이요셉 작가가 꼭 가봐야 한다고 강력히 추천한 곳이었다. 고기 잡는 배들만 한가로이 떠 있는 조용한 어촌이었다. 한없이 평화로워 보이는 이 항구는 사실 너무도 무섭고, 슬프고, 가슴 아픈 곳이었다. 예전 아랍상인들에 의해 내륙으로부터 상아를 지고 끌려온 아프리카

바가모요 농네를 지나오는 권구현 목사님.

슬픔을 안고 있는 바가모요의 모습.

인들이 노예로 팔려가기 전까지 갇혀 있던 장소였다. 해변에는 노예들을 배에 태우기 전, 쇠사슬로 묶어 놨던 쇠기둥들이 음산하게 남아 있었다.

　　이곳을 떠나면 다시는 돌아올 수 없다는 것을 노예들은 알고 있었을 것이다. 짐승 같은 학대를 받으며, 부모와 형제, 친구, 고향 모두를 잃어버렸을 그들의 슬픔과 아픔과 분노가 그대로 느껴졌다. 바가모요는 스와힐리어로 "내 심장을 내려놓다"라는 뜻이라고 한다. 심장을 고향 땅에 내려놓고 알지 못하는 곳으로 끌려갔을 그들을 생각하며 권 목사님은 하도 많이 울어 눈이 다 붉어졌다. 리빙스턴 선교사도 이 노예시장의 잔혹한 악행을 봤을 것이다. 그가 선교사로서 이런 끔찍함의 고리를 끊기 위해 노예 폐지에 적극적으로 앞장선 것은 당연했다. 이 지역은 노예무역 탓에 지금도 기독교 선교사들이 발을 못 붙이는 곳이다.

　　저녁에 탄자니아 북동부 모시라는 도시에 도착했다. 모시는 킬리만자로 주의 주도이며, 킬리만자로 산기슭에 위치한 곳이었다. 깨끗한 동네였다. 한쪽으로는 장엄한 킬리만자로 산이 있고 다른 한편으로는 너른 초원이 펼쳐져 있었다. 이곳에는 루터교에서 세운 탄자니아 최초의 의과대학인 킬리만자로 크리스천 의학대학(KCMC)이 있다. 바가모요에서의 인간의 탐욕과 잔인함도 잊어서는 안 되지만, 이렇게 선한 일도 할 수 있는 것이 또 인간이었다. 예수님을 믿는 신앙심이 얼마나 창조적이고 희생적이고 대단한 일을 해낼 수 있는지 흐뭇했다. 한국의 젊은 크리스천들도 할 일이 많은 아프리카에 눈을 돌려 봤으면 했다.

　　모시 한국선교사회의 선교사들과 함께 식사를 하며 탄자니아에서의 생활과 선교에 대해 많은 이야기를 나눴다. 선교사들은 케냐와의 국경 도시 아루샤에서 우물을 파주는 사역, 학교를 세우고 운영하는 사역, 빈민을 구제하는 사역 등을 하고 있었다. 학교 사역을 하고 있는 선교사에 의하면 무슬림 부모들은 미션 스쿨임을 알면서도 자녀들의 교육을 위해 그 학교로 보낸다고 했다. 아프리카의 부모들도 우리처럼 교육열이 뜨거웠다. 좋은 학교와 좋은 병원은 예수님을 전할 수 있는 훌륭한 사역기관이었다.

다음 날 아침 동아프리카 지역의 안과 사업과 연구를 하고 있는 킬리만자로 안과센터를 방문했다. 센터 사무실 문에는 킬리만자로 산의 큰 나무 밑에 사람들이 모여 있는 그림이 그려져 있었다. 안타깝게도 설립자인 폴과 안과 닥터인 수잔은 은퇴하고 없었다. 이분들은 부부였는데, 남아공에서 와서 이 지역의 보건 요원들을 훈련시키고 수술을 지원하는 일을 했다. 담당자와 함께 얘기하면서 앞으로 우리와 협력할 기회를 만들어 가기로 했다.

탄자니아의 북쪽 끝 마지막 큰 도시인 아루샤로 갔다. 가는 길은 역시 공사 중이었다. 이곳은 케냐 국경과 가까운 산기슭에 위치한 도시다. 멀리 구름 속으로 그 유명한 킬리만자로 산이 보이는 아름다운 도시였다. 그곳은 세렝게티와 킬리만자로와 같은 유명 관광지로 들어가는 길목이었다. 모든 사파리가 시작되는 곳이라 유럽 관광객이 많아서 그런지 고급 호텔들이 즐비했다. 우리는 현지에서 여행사를 하는 박은파 사장님 덕분에 싼값에 호텔에 묵을 수 있었다. 호텔 안 연회장에는 현지인들이 결혼식을 마치고 호화스러운 피로연을 열고 있었다. 아프리카의 부자들이 이렇게 최고급 호텔에서 비싼 결혼식을 올리는 것은 처음 봤다. 깜짝 놀랐다. 빈부 격차가 심각한 듯 보였다.

아루샤에서도 한인회와 선교사들께 식사를 대접하면서 앞으로의 사역을 의논했다. 인구가 100만 명이 넘고, 잘사는 곳인데도 안과의사가 없었다. 모시에 있는 킬리만자로 안과센터에서 토요일마다 의사가 이동 진료를 온다고 했다. 탄자니아처럼 넓은 나라 전체에 안과의사가 50명밖에 없고 그중 20명 이상이 다르에스살람에 있으니 그럴 만했다.

    탄자니아에는 훌륭한 선교사가 많이 있었는데 그들은 자신들이 사역하는 지역에 꼭 와달라는 부탁을 했다. 이 넓은 탄자니아에서 아이캠프를 열려면 아무래도 여러 팀을 구성해서 와야 할 것 같았다.

    오늘 큐티 말씀은 골로새서 2장 6절에서 15절이었다. "그러므로 너희가 그리스도 예수를 주로 받았으니 그 안에서 행하되 그 안에 뿌리를 박으며 세움을 받아 교훈을 받은 대로 믿음에 굳게 서서 감사함을 넘치게 하라"라는 말씀에 밑줄을 그었다.

    그러고 나서 '아프리칸 프라이드'라는 상표의 홍차를 마셨다. 탄자니아 사람들은 자존심이 세고, 자부심이 있었다. 어떤 선한 목적이 있든, 아프리카의 비참함만 확대해서 올리는 것은 피해야 한다. 아프리카 사람들도 그런 장면을 찍는 것을 심히 불쾌하게 생각한다. 우리는 될 수 있는 한 환자들의 웃는 모습을 찍어 드린다. 남을 돕는다고 그들의 자존심에 상처를 입히는 행동은 하지 말아야 한다.

    탄자니아는 무슬림이 많은 나라이지만 종교적 대립으로 인한 테러가 없었고, 국민들이 교육을 잘 받고 있었고, 나라 전체적으로 잘 살아 보겠다는 의지가 느껴졌다. 처음으로 프리아이캠프를 연 탄자니아에 좋은 기억이 남았다. 내일 넘어갈 케냐도 기대되었다.

6.

희망을
이길
수는
없다

성경은 희망의 창문이다.
그 창문을 통해 우리는
영원한 세계를 바라본다.
– 존 드와이트

사람이 먼저다

탄자니아와 케냐의 경계인 나망가 국경을 향해 달렸다. 잘 닦인 아스팔트 길이 모처럼 평탄했다. 한 시간쯤 달렸더니 풍경이 확 달라졌다. 산악지대가 아닌 끝없는 푸른 초원이 이어졌다. 탄자니아 북부와 케냐 남부 지역은 마사이족이 사는 너른 초원이다. 우리가 상상한 그런 아프리카의 모습이었다.

옛날에는 이곳의 주인이었던 얼룩말과 기린들과 사자들이 뛰어다녔겠지만, 지금은 소음과 매연을 남기고 달리는 자동차와 인간들이 그 자리를 차지하고 있었다. 이 지역의 마사이족은 일방적으로 국경이 생기는 바람에 케냐와 탄자니아로 나뉘어 살게 되었다. 키가 크고 용감하던 그들은 사냥터와 목축지를 잃어버리고 관광지의 구경거리가 되고 있다고 했다.

케냐 국경이 다가올수록 기도가 나왔다. 이번에도 부디 순조롭게 세관을 통과하기를 간절히 기도했다. 케냐 국경은 까다로운 곳이기에 우리가 통관할 때, 모든 서류를 다 갖췄어도 현지에서 일하는 한인회와 한인 선교사회의 도움이 필요했다. 다행히 하나님의 도우심으로 이곳에서 사업을 하는 전 한인회 회장님이 친절하게 통관 에이전시를 보내 주었고, 예전에 같이 아이캠프를 한 임재찬 목사님이 마중 나와 주었다. 탄자니아를 나가는 것도, 케냐로 들어가는 것도 아주 무난하게 통과했다.

국경을 넘자마자 깨끗하게 포장된 도로는 물론 길가에 공장들이 계속 나타났다. 톨게이트도 멋졌고, 엄청나게 큰 물류 트럭들도 보였다. 케냐는 아프리카에서 아주 잘사는 나라의 경제 수준을 보여 주고 있었다.

8월 15일부터 18일까지 케냐 마차코스 병원에서 아이캠프가 진행됐다. 2007년에 카지아도, 2008년에 무잉기, 2009-2012년

6. 희망을 이길 수는 없다

케냐로 가던 길에 만난, 소 떼를 몰고 가는 마사이족.

에 마차코스 등 케냐에서는 여러 차례 아이캠프를 열었다. 국경에서 마차코스로 오는 길에 2007년 처음 아이캠프를 열었던 카지아도 병원을 지나쳤다. 카지아도는 케냐의 수도 나이로비로부터 두 시간 정도 떨어진 곳으로 마사이족이 많이 사는 도시다.

예전에 왔을 때 그 황량하던 곳은 잊어야 했다. 흙먼지가 뿌옇게 일어나던 길은 모두 포장이 되어 있고, 허허벌판에 쓰러질 듯한 판잣집만 있던 곳에는 공장과 주택이 꽉 차게 들어서 있었다. 8년 전에 본 병원 옆 숙박시설은 비까지 새는 허름한 곳이었는데 번듯한 호텔이 되어 있었다. 물웅덩이가 여기저기 파인 골목에 일자리 없는 마사이 청년들이 본드를 마시고 너부러져 있던 동네에는 훌륭한 레스토랑들이 즐비했다.

마침 점심때라 우리는 근처 레스토랑에 들어가 음식을 먹었다. 그야말로 상전벽해였다. 아프리카에 와서 가장 많이 놀란 도시가 이 카지아도였다. 마치 예전에 가난하게 살던 친구가 부자가 되어서 멋진 차를 타고 턱시도를 입은 채 내 앞에 턱하니 나타난 것 같았다.

개발이 많이 되다 보니 이곳 역시 교통체증이 심해 시간이 지체되었다. 어쩔 수 없이 또 야간주행을 하게 되었다. 그런데 큰 도로에서 마차코스까지 가는 도로로 접어들자 가로등이 쫙 켜져 있었다. 아프리카 시골길에 가로등이라니! 이런 장면은 상상하지 못했다. 한적한 소도시의 밤거리인데도 상점과 빌딩, 차량들로 도로가 미어졌다.

마차코스는 나이로비 남동쪽으로 64킬로미터 떨어진 도시로 영국령 동아프리카 시절 케냐의 첫 번째 수도였다고 한다. 이번 아이캠프가 열리는 마차코스 병원은 그 사이에 리모델링을 해서 깨끗해지고 안과도 정리가 되어 있어 기분이 좋았다. 우리가 기증했던 장비들도 잘 이용되고 있었다. 더욱 기뻤던 것은 우리와 오랫동안 함께 사역한 닥터 헬렌 주키가 안과 과장에서 마차코스 병원을 책임지는 병원장이 된 것이었다.

닥터 헬렌 주키는 2007년, 우리가 처음 케냐에서 수술을 시작했을 때부터 인연을 맺어 왔다. 당시 닥터 헬렌은 마차코스 병원의 유일한 안과의사로 빈민가인 키베라와 카자아도가 있는 동북부 지역 담당자였다. 그녀는 우리와 함께 의료봉사 프로그램을 진행했다. 당시에 마사이족은 짧게는 2-3일, 길게는 일주일을 걸어서 아이캠프를 찾아왔다. 붉은 망토를 두르고, 허리에는 전통 칼을 차고 다니는 용맹한 사람들이었다. 하지만 의사 앞에서는 순한 양들 같았다.

2007년 당시 만났던 마사이족 백내장 수술 환자들.

당시 카자아도에서는 800명이 넘는 사람이 진료를 받았고, 33명이 수술을 받았다. 수술을 받고 기뻐서 마사이족 노래와 춤을 가르쳐 주던 할머니도 있었고, 우리 봉사 팀이 찍어 준 사진을 밝아진 눈으로 보고 신기해하던 할아버지도 있었다. 유난히 수줍어해 눈을 마주치지 못하던 건장한 마사이 청년과 눈이 잘 보인다며 우릴 안아 주던 소녀도 있었다. 한국에서부터 동행한 신문기자들은 이 멋진 광경을 글로 다 표현하지 못하겠다며 안타까워했다.

닥터 헬렌과는 이듬해도 만났다. 동부의 무잉기에서 아이캠프를 열었는데 1,000명이 넘게 몰려왔다. 6명의 의사들이 88명을 수술했다. 이곳은 특히 눈에 병이 생기면 동물의 소변으로 치료하는 민간요법이 행해지고 있어 감염이 심했다. 노안이 온 사람들에게는 안경도 제공했는데, 이것이 큰 환영을 받았다. 2009년에는 마차코스 병원에서 91명을 수술했다. 우리가 한국으로 돌아간 후 닥터 헬렌이 환자들의 경과를 관찰했는데 매우 훌륭하다는 소식을 보내왔다. 닥터 헬렌은 그해 서울의 학술대회에도 참석했고, 6개월간 한국에 머물면서 가톨릭대학 서울성모병원과 서울대병원에서 펠로우십 트레이닝을 받았다. 우리 집에서도 묵었다. 서울의 혹독한 추위 때문에 고생했지만, 케냐로 돌아가기 전 "이젠 생선회도 먹을 수 있어요" 하면서 즐거워하던 모습이 생각난다.

8년이 지난 지금, 닥터 헬렌은 마차코스 병원을 총괄하는 병원장답게 품위와 자신감이 넘쳤다. "닥터 킴, 진짜 오토바이를 타고 온 거예요?" 오랜만에 만난 닥터 헬렌은 내가 오토바이를 타고 온 것에 정말 놀라워했다. 우린 오토바이 앞에서 기념사진을 한 장 찍었다. 널찍하고 좋은 병원장 방도 구경하고 방명록에 사인도 했다. 다시 만나서 반갑고, 병원이 잘되길 바란다고 썼다. 더 멋진 말이 생각났으면 좋았을 텐데, 하지만 이 간단한 말이 내 진심이었다.

케냐 동북부의 유일한 안과의사였던 헬렌에게 수술을 가르치고 훈련시킬 때는 그녀가 병원장이 되고, 이렇게 병원 안에 독립된 안과 병동을 만들게 될 줄은 꿈에도 몰랐다. 훌륭하게 된 제자를 보는 스승의 마음이 이런 것이구나 하는 마음이 들었다. 자랑스럽고 뿌듯했다.

'사람이 먼저다'라는 말이 있다. 하지만 자본주의 사회에서 살다 보니 일이 돈이고, 시간도 돈이고, 사람도 돈으로 보일 때가 있다. 선한 일을 진행할 때조차 사람보다 돈의 위력이 훨씬 강하게 느껴질 때도 있다. 그러나 결론적으로 말하면 역시 '사람이 먼저다.'

VIP 신드롬

아프리카는 지구촌의 다양한 국가와 NGO로부터 지원을 받는다. 말라리아, 에이즈, 모자보건과 같은 분야는 후원이 넘친다. 그러나 안과 분야는 아프리카 보건 분야에서도 소외되어 있다. 지원금 가운데 아주 소액만이 안보건 증진에 들어온다. 안과 질환으로 사망하는 경우는 많지 않기 때문에 시급하지 않다는 것이다.

닥터 헬렌이 일으킨 첫 변화는 안과에 대한 관심과 인식을 높였다는 것이다. 그녀는 환자들에게 눈이 잘 안 보이는 것은 단지 눈이 안 좋은 이유에만 국한된 것이 아니라 당뇨 등 다양한 요인에 의한 합병증에서도 올 수 있다고 교육했다. 그리하여 안질환과 연계된 다른 부서와 정기적인 교류를 통해 질병을 다각적으로 바라볼 수 있도록 대처하는 시스템을 만들고 있었다. 또 자국의 안과 환자들을 위해 외국의 지원을 적극적으로 활용해 도움의 폭을 넓혀 갔다. 이번 우리의 케냐 아이캠프도 닥터 헬렌의 요청에 의한 것이었다.

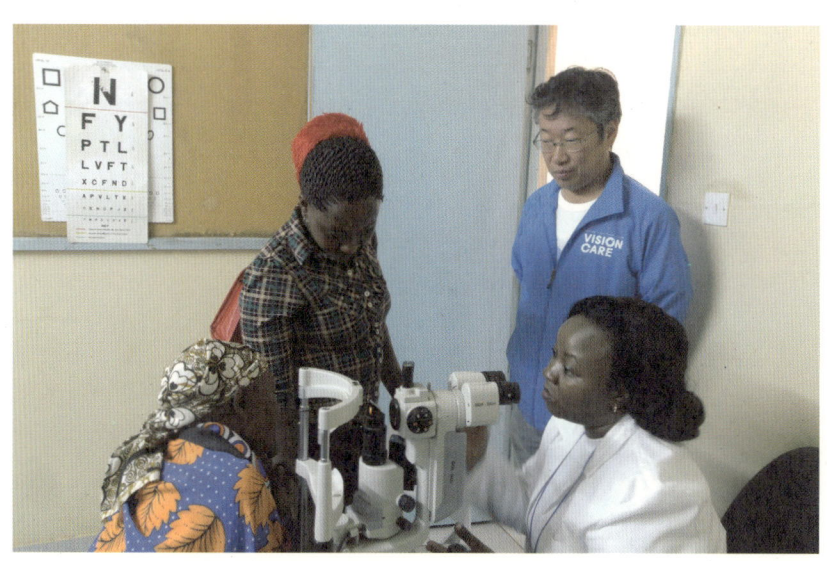

마차코스 병원에서 진료 중인 닥터 헬렌과 나.

케냐 사람들의 평균 임금은 약 300달러다. 백내장 수술 비용은 국립병원에서 약 300달러, 사립병원에서는 약 1,500달러 이상이 든다. 비싼 금액으로 인해 케냐 환자들이 쉽게 수술을 받을 수 없다. 환자들이 수술을 받기 어려운 요인이 비싼 수술비뿐만은 아니었다. 이곳도 다른 아프리카 나라와 마찬가지로, 케냐 전체의 안과의사는 110명 정도인데 절반 이상이 수도인 나이로비에 몰려 있었다.

닥터 헬렌은 케냐 동북부 3개 주의 120만 인구를 통틀어 안과의사가 자신 한 명뿐이라고 했다. 그러면서 "2013년부터 병원장이 되니 환자들을 볼 시간이 더 줄어들어서 걱정입니다"라고 말했다. 닥터 헬렌은 안과의사 인력 확보가 가장 중요하다고 했다. 안질환 환자들은 숫자를 파악할 수 없을 정도로 늘어가는데, 밀려드는 환자를 감당할 수 없다는 것이다.

마차코스 병원에서 아이캠프를 통해 55명의 실명자가 수술을 받고 시력을 회복했다. 일정이 마쳐갈 즈음, 닥터 헬렌이 어머니의 백내장 수술을 내게 부탁했다. 의사들에게는 VIP 신드롬이 있다. 자신의 혈육이나 친척, 사회적으로 유명한 사람들을 수술할 때 더 긴장해서 실수를 하게 되는 징크스다. 이런 두려움에 어머니의 수술을 하지 못했던 것이다.

다행히 나에겐 그런 신드롬이 없었다. 아버지와 어머니는 물론이고 아내와 장인, 장모, 처형 모두 내가 직접 수술했다. 헬렌의 어머니는 80세에 가까운 예쁘고 자그마한 분이었다. 두 눈 모두 백내장이었다. 딸이 케냐의 유명한 안과의사인데도 수술을 너무 두려워해 지금까지 안 보이는 채로 살았다고 한다. 닥터 헬렌의 어머니는 수술한 다음 날, 이제야 딸의 얼굴이 보인다면서 그렇게 기뻐할 수 없었다. 수술이라면 공포에 질리던 분이 이번에는 다른 쪽 눈도 해달라고 졸랐다. 닥터 헬렌의 어머니였지만 다른 환자가 너무 많이 몰려 소원을 들어줄 수 없었다. 대신 꼭 다시 오겠다고 약속했다.

수술을 위해 검진받는 닥터 헬렌의 어머니.

기도하고 수술한다

현지 의사가 한 명을 수술할 동안 한국 의사들이 여섯 명을 수술해 내는 것을 보고 마차코스 병원 관계자들은 놀라워했다. 다 훈련 덕분이다. 다들 수술 경험이 많고 나도 지금까지 3만 명 정도 수술을 하다 보니 수술을 빨리하는 편에 속했다. 하지만 내가 수술을 잘한다고 말할 수 없다. 이 세상 곳곳에 이름도 없고 빛도 없는 고수들이 있기 때문이다. 봉사를 시작한 초창기에 파키스탄에서 있었던 일이다. 시골의 빈 강당에서 커튼을 치고 수술을 시작했다. 최신식 기계를 가지고 수술을 하는데도 자꾸 실수를 했다.

아프리카나 파키스탄, 아시아의 저개발국에는 백내장이 오래된 환자들이 많은데 이런 환자들의 눈은 페코라는 기계로 하기에 어려운 면이 있다. 게다가 전기 사정이 불안해 기계가 자꾸 멈추기도 했다. 나는 그때까지 페코 수술만 배웠고, 이 방법이 제일 좋은 줄 알았다. 사실 최신 기계인 페코로 하면 수술 부위에 피도 적게 나고, 절개도 아주 작게 내기 때문에 상처도 빨리 아문다.

그러나 현지인 의사는 기본적인 수술도구를 가지고 옛날식 수술을 하는데 진짜 손이 빨랐다. 그 가운데 파키스탄에 닥터 랄이라는 할머니 안과의사가 있었다. 전 세계에서 백내장 수술을 가장 많이 한 의사다. 20만 명을 수술했다고 한다. 침대 4개에 환자를 눕혀 놓고 서서 수술을 하는데, 최신 기계는커녕 현미경도 아닌, 확대경을 보면서 순식간에 수술을 했다. 그녀는 오래된 수술법인 ECCE 수술법을 쓰고 있었다.

아프리카나 인도, 파키스탄, 방글라데시 등에는 백내장이 너무 오래되어 심각하게 악화된 환자가 많다. 초음파로 백내장을 부수고 그것을 빼낸 다음 인공수정체를 넣는 페코 수술법으로는 어려울 때가 많다. 오래된 백내장은 페코를 써서 수술하면 붓고 회복이 잘 안 된다. 이런 경우에는 손으로 나이프를 써서 각막을 절개해 혼탁해진 수정체를 통째로 빼고 인공수정체를 넣어 주는 ECCE로 하는 것이 더 좋을 수 있다. 이 수술법은 비싼 기계가 없어도 되고, 약품이나 들어가는 인공수정체의 값도 저렴하다. 지금도 인도, 중국, 아프리카에서 가장 많이 하는 수술법이다.

이런 경험을 통해 봉사를 다니면서 수술 방법을 개선해 나갔다. 당연히 ECCE 수술법도 익혔다. 2007년 이집트에서 아이캠프를 열었을 때, 페코가 있다고 해서 기계를 가지고 가지 않았다.

그런데 초음파로 부순 백내장을 빼내는 기구가 없었다. 2010년 감비아에서는 현지 전기 사정이 안 좋아 따로 발전기를 썼는데 전압이 갑자기 올라가는 바람에 기계가 망가지고 말았다. 환자들은 기다리는데 기계가 없다고 수술을 못하면 얼마나 낭패인가. 이런 경우에도 ECCE 수술법으로 수술할 수 있었다. 이동 진료를 하는 의사는 최신 기계가 없는 곳에서도 수술할 줄 알아야 하고, 환자에게 적당하고 가장 결과가 좋은 수술법을 써야 한다.

또한 모든 수술은 다 위험하다. 간단한 수술이라고 해도 조심에 조심을 더해야 한다. 나는 수술하기 전에 환자의 이름을 부르며 기도를 먼저 한다. "○○ 환자님의 백내장 수술이 잘되게 해주시고 회복도 잘되게 해주세요." 기도하고 수술에 들어가면 환자도 좋아하고, 간호사들과 나도 마음의 준비가 된다. 수술 전에 기도하는 것은 가톨릭의대 스승이신 김재호 교수님에게 배운 것이다. 가톨릭신자인 교수님은 짧은 기도문을 적어 와서 수술대에 누워 있는 환자 옆에서 레지던트들도 함께 기도문을 읽게 했다. 우리나라 최고의 안과의사인 교수님이 수술 전에 겸손히 하나님께 기도하는 모습이 정말 감동적이었다.

누구든지 수술대에 누우면 불안하다. 세상에 누굴 믿고 자신의 몸에 칼을 들이대게 하겠는가. 주치의가 하나님께 기도하면 수술대에 누워 있는 환자들도 평안해하고 좋아한다. 수술이 의사만 잘한다고 되는 것이 아니다. 환자가 의사를 믿고 편안한 마음으로 받아야 결과가 좋다.

실로암 안과병원에 있을 때였다. 주기적으로 맹학교에 가서 아이들의 눈을 돌봐 주었다. 그 가운데는 수술을 받으면 최소한이라도 시력이 회복될 수 있는 아이들이 있었다. 그 아이들에게 재수술을 권했더니 의외로 거절하는 아이가 많았다. 수술이 잘못되어 더 시력이 나빠진 케이스들이었다. "수술은 이제 싫어요. 아무 소용없어요." 아이들은 자기를 수술했던 의사들의 이름을 다 기억하고 있었다. 섬뜩했다. 수술할 때 조심에 조심을 더해야겠다고 결심했다. 일부러 수술을 잘못하려는 의사는 없다. 인간이기 때문에 실수할 수도 있다. 그러나 그 실수가 수술받는 환자에게는 평생 씻을 수 없는 상처로 남게 된다.

수술 전에 기도하는 또 다른 이유도 있다. 하나님께서 기도를 통해 일하시는 것을 믿기 때문이다. 간절히 기도한 후 수술하면 놀라운 일이 벌어지는 것을 많이 체험했다. 수술 케이스가 다 같은 것이 아니다. 쉬워 보였던 수술도 열고 들어가면 의외의 복병인 경우도 많다. 아프리카에서 수술할 때 특히 그런 경우가 많았다.

소록도에서 나환자들의 눈을 수술할 때였다. 막상 들여다보니 상태가 너무 나쁜 환자가 있었다. 눈 안의 염증 때문에 환부가 다 들러붙어 있었다. 갓 전문의가 된 나는 당황할 수밖에 없었다. 그때 진심으로 간절히 기도했다. "이 어려운 수술을 해낼 능력과 지혜를 주세요. 이 환자는 지금 제가 아니면 수술을 해줄 의사를 영원히 만나지 못할지도 모릅니다." 그러자 내 능력을 넘어서 들러붙어 있는 곳을 하나하나 잘 떼어 내 수술을 깨끗하게 마칠 수 있었다.

수술하는 의사의 어깨에 손을 얹은 예수님 그림을 본 적이 있다. 잠비아 루사카 안과병원의 닥터 제니 유의 숙소 냉장고 문에 붙어 있는 그림이었다.

3만 명 이상을 수술했지만 할 때마다 간절하게 기도한다. 파키스탄과 방글라데시, 아프리카의 많은 이슬람교도들도, 네팔 등의 불교신자들도, 심지어 스님들도 수술 전에 기도하겠다고 하면 모두 좋아했다. 아프리카의 병원에서 권 목사님은 수술을 기다리는 환자들 머리에 일일이 손을 얹고 기도를 해주었다. 케냐에는 기독교인이 많아서 그런지 다들 '아멘'으로 받아들였다.

네 이름은 은혜

활짝 핀 꽃 모양의 빨간색 리본으로 머리를 앙증맞게 양쪽으로 묶고, 분홍색 구두를 신은 예쁜 여자아이가 들어왔다. 2년 8개월 된 네마였다. 눈을 들여다보니 두 눈동자 모두 불투명한 흰색이었다. 시신경이 발달하지 못한 선천선 기형으로 빛도 감지할 수 없었다. 사랑하는 딸을 위해 네마의 부모님은 할 수 있는 모든 일을 했다고 한다. 현지 안과병원에도 가봤지만, 안구를 적출하라는 진단을 내렸다고 한다. 마침 비전케어가 온다는 소식을 한국인 선교사로부터 듣고 이틀이나 걸리는 먼 거리를 버스를 타고 온 것이다.

"우리 네마가 평범하게 볼 수 있을까요? 그냥 다른 애들처럼 학교에 다닐 수 있을까요?" 아무것도 모르고 활짝 웃는 아이와 기대에 가득 차서 내 대답만 기다리는 부모에게 쉽게 말이 떨어지지 않았다. 무겁게 입을 열었다. "현대 의학으로도 치료할 수 있는 눈이 아닙니다. 시신경이 발달하지 못했어요. 재활교육을 준비하는 게 좋겠어요." 이 말을 하는 내 마음이 너무 아팠지만, 의사는 항상 진실을 말해야 한다.

엄마의 얼굴이 실망으로 어두워졌다. 아빠는 말없이 고개를 숙였다. 한동안 그렇게 앉아 있던 아빠가 조용히 내게 말했다. "우리가 하나님께 계속 기도하고 있으니 분명 볼 수 있을 거라고 믿습니다." 처음에는 많이 울었지만, 이제는 강해졌다며 네마의 부모는 담담하게 진료실을 떠났다. 의사가 모든 것을 다 고칠 수는 없다. 아이 부모의 믿음을 보시고 예수님께서 이 가족에게 기

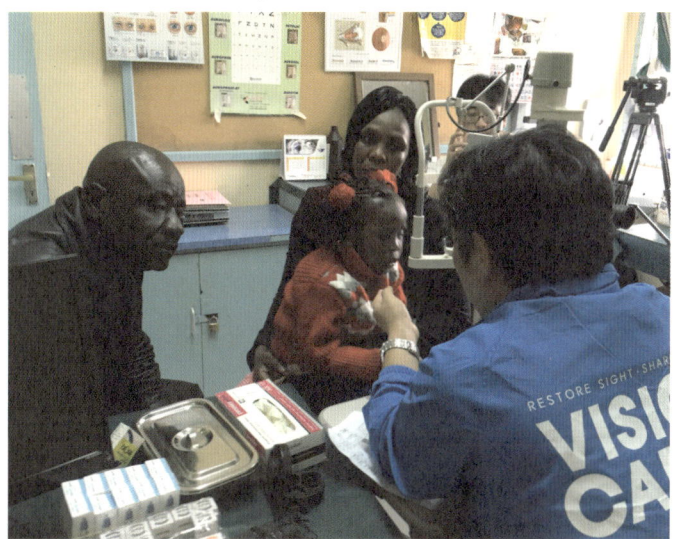

부모님과 함께 병원을 찾아온 네마.
앞이 보이지 않지만 싱그러운 웃음을 가지고 있었다.

적을 보여 주셨으면 하는 마음이 간절했다.

네마는 영어로 하면 그레이스(grace), 우리 이름으로는 은혜. 눈이 안 보여도 하나님의 영광을 위해 얼마든지 살아갈 수 있다. 보지도, 듣지도, 말하지도 못했던 헬렌 켈러도 있지 않은가. 아이가 하나님 안에서 부디 건강하게 잘 자라기를 기도했다. '네마야, 네 자신이 하나님의 은혜란다.'

케냐의 인구는 4,000만 명이 넘는다. 안과의사는 100명 남짓이다. 그나마 나이로비 같은 큰 도시에만 있다. 모잠비크는 인구 2,500만 명인데 안과의사는 25명, 스와질란드는 인구 120만 명에 안과의사는 2명뿐이다. 이런 상황인데 어려서부터 아프리카의 강한 자외선과 먼지 같은 불결한 환경에 노출된 시골 아이들이 실명될 확률이 너무도 높다. 비전케어 지부가 있는 나라에서는 학생들을 위한 시력 검사와 이동진료를 하고 있지만 선천성 백내장에 걸린 아이들을 수술하려면 소아 마취를 할 수 있는 병원과 의사가 필요하다. 아프리카 인구의 절반이 아이들인데 백내장에 걸린 아이가 의외로 많다. 소아 안과 수술을 위한 대책을 서둘러 마련해야 한다.

희망을 이길 수는 없다

70세 물리미 카바이타 할머니는 3년 동안 딸의 얼굴을 볼 수 없었다. 백내장으로 두 눈 모두 실명한 상태였다. 할머니는 이 지경에 처할 때까지 한 번도 안과의사를 만난 적이 없었다. 농사를 지으며 하루 한 끼를 겨우 해결하는 할머니가 혹시 이 지역에 단 한 명뿐인 안과의사를 만날 기회가 있었다고 해도 수술비용을 댈 수 없었을 것이다. 이번에 오른쪽 눈을 수술한 할머니는 딸의 얼굴을 보고 또 봤다. "이젠 내가 가족에게 도움을 줄 수 있어요. 눈이 보이니까 딸을 도와서 빵도 만들 수 있거든요."

가난한 나라에서 실명한다는 것은 고통을 넘어 죽음에 직면하는 일이다. 노동력을 잃고, 가족의 짐이 되며, 열악한 환경의 수많은 위험에 노출되기 때문이다. 딸의 손을 잡고 우리에게 왔던 할머니는 20분의 수술로 혼자 걸어서 병원을 떠났다. 우리에게 셀 수 없을 만큼 감사의 인사를 하면서.

회색빛 통으로 거칠게 짠 원피스를 입은 여자가 진료실로 들어왔다. 40대로 보이는 얼굴에는 표정이 없었다. 옆에는 카키색 제복의 여자 경찰 둘이 딱 붙어 있었다. 그 환자는 감옥에 수용된 죄수라고 했다. 두 눈 모두 백내장이었다. 한쪽 눈을 수술해 주었다. 눈이 잘 보이는지 다음 날에는 훨씬 편안한 얼굴이 되어 있었다. 수술을 마치고 여자는 감옥으로 되돌아갔다. 죄수를 수술해 주기는 처음이었다.

의사는 사실 환자의 신분이 중요하지 않다. 환자가 죄수인지, 수녀인지 보지 않고 그 사람이 백내장을 갖고 있는지, 내가 수술할 수 있는지만 판단한다. 수술준비실에서 가운을 입고, 위생모를 쓰고 안내자의 손을 잡고 수술대 위에 누우면 그 사람이 누구든 수술해야 한다.

예수님을 생각한다. 누구든, 어떤 죄를 지었든 주님 앞에 오면 죄 사함을 받고 깨끗하게 된다는 것이 얼마나 고마운 일인가. 그 죄수가 어떤 죄를 지었는지는 모르지만, 주님 안에서 새 삶을 찾기를 바랐다.

젊은 여자가 친척의 손에 이끌려 왔다. 그녀는 검은 옷을 입고 얼굴이 딱딱하게 굳은 채 구석에 혼자 앉아 있었다. 28세의 메리였다. 통역하는 사람의 말에 의하면 성폭행을 당하다가 중 눈을 심하게 맞았다고 했다. 그것이 외상성 백내장이 되어 눈이 보이지 않게 되었다. 메리는 약을 넣어 줄 때 움찔하더니 눈을 보려고 얼굴을 만졌을 때는 소스라치게 놀라면서 몸을 움츠렸다. 상처를 입은 지 두 달이 지났다고 했다. 오른쪽 눈의 수정체가 터져 있었고 안압이 꽤 높았다. 응급상황이었는데 너무 늦은 것 같았다. 안압이 떨어지는 약을 투여하고 급히 수술을 시작했다. 다행히 성공적으로 끝났다.

회진을 하면서 메리를 다시 만났다. "눈이 보여요." 메리가 조용하게 말했다. 다음 날, 병원에 다시 온 메리는 밝은 색 옷으로 바꿔 입고 왔다. 눈이 보여서 그런지 표정이 한층 밝아져 있었다. 메리는 아주 날씬하고 예뻤다. 불의의 상처를 입었지만, 불행 중 다행으로 메리의 눈은 회복되었다.

아프리카 서부에는 눈을 다친 여자가 유독 많다. 아마도 이곳 남자들이 여성을 학대하는 나쁜 관습이 있기 때문일 것이다. 가나에서 버스를 타고 가다 보니 길가에서도 남자들이 대나무 같은 회초리로 여자들의 머리를 사정없이 때렸다. 여자뿐만 아니라 아이들도 심하게 때렸다. 그 회초리가 눈에 맞아 외상성으로 눈을 잃게 되는 경우가 많았다.

마지막 날, 경과 관찰을 위해 병원에 온 메리는 예쁜 노란색 옷을 입고 환자들 사이에 앉아 있었다. 눈을 다시 보게 된 그녀가 마음의 상처까지 치유하고 평범한 삶으로 돌아가기 시작한 것이리라. 그녀 앞에 어떤 삶이 기다리고 있을지 아무도 모른다. 아픔, 모욕, 불행, 좌절, 고난… 그 어떤 모양의 슬픔도 '희망'을 이길 수는 없다. 메리가 지나간 일들은 극복하고, 환히 보이는 눈으로 꿈과 희망과 행복한 길을 찾아가기를 바랐다.

하나님의 타이밍, 딕슨 목사님

수술을 예약했던 환자 가운데 오지 않은 사람이 있어 한 자리가 남았다. 누군가 한 명을 더 수술할 수 있었다. 마침 밖에 키가 자그마한 60대 아저씨가 앉아 있었다. 두 눈 모두 백내장이었는데 전날 한 눈을 이미 수술하고 쉴드로 가리고 있었다.

우리는 원칙상 많은 사람에게 수술해 주기 위해 두 눈을 다 수술해 주지 않는데 그분은 정말 쉽지 않은 행운을 얻었다. 이번 케냐 아이캠프에서 두 눈을 모두 수술받은 사람은 딱 이 환자 한 명뿐이었다. 놀랍게도 이분은 마차코스 근처 음부코니라는 마을에서 온 목사님이었다. 수술을 마친 후 "우리 동네에 와주세요. 안과 환자가 많습니다"라고 부탁해 왔다. 예정에 없던 아웃 리치를 나가게 되었다.

아이캠프가 진행된 마차코스 병원으로부터 5-6킬로미터 구불구불한 비포장 길을 달리다 보니 한적한 시골 마을이 나왔다. 염소도 키우고 개들도 슬슬 돌아다니는 전형적인 시골 마을이었다. 군데군데 시멘트 바른 벽이 떨어져 나가고, 거미줄 같은 금이 간 교회 건물 밖 마당 한편에 플라스틱 의자 하나를 갖다 놓았다. 하늘이 지붕이고, 마른 풀밭이 바닥인 초미니 자연친화적 안과를 차렸다.

동양인을 한 번도 만나본 적 없는 아이들이 부끄러운 듯 호기심 어린 눈으로 모여들었다. "자, 이리 와서 눈을 크게 뜨고 내 눈 좀 한번 볼래?" 즐거운 놀이라도 하듯 나란히 줄을 선 아이들은 서로 웃고 어깨를 잡고 밀치며 장난치기 바빴다. 신발은 절반만 신고, 나머지는 맨발로 뛰어다녔다. 얼마나 행복해 보였는지 모른다. 동네에서 뛰어놀던 내 어린 시절이 생각났다.

그래도 이상한 안과 기구 앞에서는 똘망한 검은 눈망울들

허물어져 가는 교회에서
사역을 하고 있는 딕슨 목사님.

6. 희망을 이길 수는 없다

하늘이 지붕이고, 풀밭이 바닥인
자연친화적 안과.

에 겁이 잔뜩 들어 있었다. 그 모습이 하도 예뻐 손을 꼭 잡고 휴대용 슬릿램프로 아이의 눈을 들여다보았다. 먼지가 많고 아이들의 눈이 커서 그런지 알레르기성 결막염이 많았다. 안약을 나눠 주었는데 그게 또 좋은지 까르륵대면서 웃었다. 음부코니 마을의 어른들 가운데는 백내장이 있는 사람들이 있어서 수술하러 병원에 오라고 차트를 써주었다.

목사님이 시무하는 조그만 교회 안으로 들어갔다. 몇 개 안 되는 유리창은 다 깨지고 먼지가 쌓여 지저분했다. "이젠 성경도 보이네요. 예배당 뒤 저 끝에 앉은 성도의 얼굴도 보이겠어요." 양 눈이 다 환하게 보이니 딕슨 목사님이 여간 좋아하는 게 아니었다. 초라한 예배당에 앉았는데 내 속에서 기도가 절로 나왔다. 하나님은 눈이 멀어 가는 목사를 위해 우리를 케냐로 부르시고, 수술자리 하나를 비우시고, 마침 그 시간에 목사님을 밖에 앉아 있게 하시고, 그리고 수술을 받아 두 눈을 다 보게 하셨다. 하나님의 임재하심이 강하게 느껴졌다. 목사님은 우리를 위해 기도해 주었다.

목사님은 이곳에서 50명쯤 모여 예배드리고, 다른 곳에 또 예배당이 있어 거기서도 50명 정도가 예배를 드린다고 했다. 장로와 집사인 동네 사람들이 와서 인사를 했다. 동네를 나오는데 다 쓰러져 가는 교회 대신 새로 짓고 있는 예배당이 보였다. 돈이 부족해 천정도 없고 겨우 벽만 쌓아 놓은 예배당이 마음에 걸렸다.

우리가 아이캠프를 마치고 케냐를 떠난 후, 닥터 헬렌은 페이스북에 마차코스 병원을 찾아 주어 고맙다는 글을 올리면서 이렇게 맺었다. "하나님의 강하신 능력이 당신을 인도해 주시길 빕니다. 곧 다시 뵙기를 소망합니다." 사람 한 명이 무슨 일을 할 수 있을까? 그러나 닥터 헬렌, 자그마한 키에 카리스마가 넘치는 그녀 한 사람이 일으키는 케냐 안과 분야의 변화는 폭풍처럼 느껴졌다.

문이 없는 예배당

한 달 반 동안 우리와 동행한 딸 은유가 학교로 돌아갔다. 딸아이는 이번 여정이 아버지의 사역을 이해하는 시간이 되었다고 했다. 특히 자기가 특별한 환경에서 자랐고, 이것이 하나님의 섭리 안에 있다는 것을 깨달았다고 했다. 이런 일을 하는 부모님을 둔 것에 감사하고, 이 일에 자신도 동참해야 한다고 느꼈다고 했다.

은유는 주로 소독실에서 일했다. 소독실 일은 아이캠프의 여러 일 가운데 가장 고독한 작업이다. 수술할 때마다 나오는 기구들의 피를 물로 닦고, 다시 증류수로 일일이 닦은 다음 기계에 넣어 소독하는 일을 묵묵히 담당했다. 우리 아이들은 초등학교 때부터 나를 따라 아이캠프를 다녔다. 소독실뿐 아니라, 환자들에게 안약을 넣어 주는 일, 안내하는 일, 통역하는 일을 도와주었다. 은유는 올해 20세가 됐는데 지금까지 25개국의 아이캠프에 참여했다. 딸은 한 뼘 더 성장했다. 나와 아내와 꼭 붙어 자야 할 만큼 추운 숙소에서도 견딜 줄 알았다. 무엇보다 자신의 길을 찾았다는 것이 고마웠다. 은유는 지금 국제공중보건학을 공부하고 있다.

케냐 아이캠프에서 수술 방 보조를 해준 이대 간호학과 국제보건전공 학생 5명도 떠났다. 캠프에 오기 전에 비전케어와 안과에서 미리 훈련을 받고 와서 그런지 일도 잘하고 영어도 유창했다. 큰 도움이 되었다. 그 학생들 덕분에 그동안 힘들었던 우리 팀원들이 조금 쉴 수 있었다.

나이로비에 온 김에 케냐 보건국 공무원이자 안과의사인 닥터 기찬기를 만나러 갔다. 2007년과 2008년에 만났었는데, 지금은 보건국 안과의 총책임자가 되어 있었다. 케냐의 안과 환자들을 위해 무엇을 해주면 좋겠냐고 물었더니, 그는 케냐의 의료 불균형에 대해 걱정했다. "지역적으로 의료 불균형이 심합니다. 나이로비 서쪽 지역은 그나마 괜찮지만, 동쪽과 중앙, 북쪽은 더욱 열악합니다. 앞으로 이 지역들을 계속 도와주었으면 합니다." 한참 얘기를 나누고 있는데, 전기가 나갔다. 케냐는 아프리카 가운데서도 잘사는 나라이고, 정부 기관의 사무실인데도 자주 정전이 됐다.

케냐 보건국 안과의 총책임자가 된 닥터 기찬기와 함께.

도심의 외형은 선진국을 닮아 가고 있었지만, 큰 도로에서 조금만 벗어나도 가난한 시골이 나왔다. 외제차 사이사이에 맨발로 다니는 사람도 많았다. 경제적으로나 의료적으로 불균형이 심하다는 것이 사실이었다. 케냐에도 우리가 가야 할 곳이 많은 듯했다.

닥터 기찬기를 만난 후, 케냐를 떠나 우간다를 향했다. 끝없이 펼쳐진 커피와 옥수수, 차, 사탕수수 밭을 지나 그레이트 리프트밸리에 다다랐다. 단층에 의해 지각이 함몰된 세계 최대의 지구대였다. 양쪽은 산맥이고 가운데는 골짜기였는데, 이 거대한 지구의 고랑이 아시아의 남서부 요르단부터 케냐와 탄자니아를 지나 모잠비크에 이른다고 했다.

이곳에서 아찔한 사고를 당할 뻔했다. 그레이트 리프트밸리에서 잠깐 쉬었다가 돌아나가는 길이었다. 경사지에 세워 둔 어떤 현지인 화물차의 브레이크가 풀리면서 앞차를 추돌하고 추돌당한 차가 다시 우리 차에 부딪쳤다. 화물차에는 운전자가 없고, 케냐 아줌마들만 타고 있었다. 한국 같으면 보험회사를 부르고 난리를 피웠을 텐데, 우리 기사는 차를 한 번 쓱 보더니 시원스레 괜찮다고 했다. 오토바이가 부딪치지 않아 다행이었다. 화물차에 추돌당해 우리 차에 부딪친 차에는 케냐 교회를 방문하러 온 캐나다 목사님들이 타고 있었다. 사고가 이 정도에서 그친 것은 하나님의 은혜였다.

리프트밸리에 있는 텐웩 병원에 들렀다. 텐웩 병원은 미국 선교단체에서 세운 병원으로 아프리카에서 가장 크고 모범적인 선교병원이었다. 이 병원은 300병상에 700명이 넘는 직원이 일하고 있었다. 내과, 소아과, 산부인과, 치과, 정형외과, 안과, 비뇨기과, 심장센터, 호스피스 그리고 장례식장까지 갖추고 있다. 병원의 역사를 보니, 1935년 미국 선교사 호치키스가 케냐 정부로부터 10에이커의 땅을 받은 것에서 시작되었다. 2년 뒤, 미국에서 정식으로 훈련받은 트루디라는 간호사가 들어와 무당들이 치료하던 이 지역에 예수님을 전하는 의료 사역을 본격적으로 펼쳤다고 한다. 지금은 케냐 의사들이 수련받고 싶어 하는 가장 인기 있고 실력 있는 병원이 되었다.

텐웩 병원 내의 안과는 20년 전에 생겼다. 이곳에 왔던 한 간호사는 이 지역에 실명환자가 너무 많은 것을 보고 안과 파트를 만들고, 미국에 들어가 전문 공부를 하고 다시 돌아왔다고 했다. 지금은 10년 동안 의사이자 선교사로 있는 닥터 벤 로버트가 있었다. 안과는 가장 붐비는 과였다. 안과 병동이 따로 있고, 백내장 수술도 활발하게 하고 있었다. 일주일에 두 번씩 3시간 거리의 농촌 지역들을 다니며 이동진료를 하는데 내전으로 혼란한 남수단까지 간다고 했다. 특히 직원들과 함께 안경을 만드는 작업도 직접 하고 있었다.

선교병원답게 이 병원에는 각 과마다 그에 합당한 성경 말씀이 적혀 있었다. 안과 병실에는 시편 121:1-2장이 있었다. "내가 산을 향하여 눈을 들리라 나의 도움이 어디서 올까 나의 도움은 천지를 지으신 여호와에게서로다." 병원 안뜰에는 24시간 열려 있는 소박한 예배당이 있었다. 매일 아침에 예배가 있다고 한다. 기도하고 싶은 사람은 누구나 언제든지 들어올 수 있도록 예배당에는 문이 없었다. 이 병원에서는 24시간 환자들이 원하는 시간에 목사님의 기도를 환자의 침대 옆에서 받을 수도 있었다. 작지만 살아 있는 교회와 병원이었다.

"우리는 치료하고, 예수님은 치유하신다." 텐웩 병원의 모토다. 이 병원을 보면서 하나님이 함께 일하신다는 것이 무엇인지 알게 되었다. 아주 작은 선교병원으로 시작했지만, 욕심내지 않고 현지인들에게 필요한 것이 무엇인지 파악해서 조금씩 진료 과목과 병동을 늘려 가는 것이었다.

또 선교와 의료 사역이 조화를 이루고 있었다. 두 사역 모두 사람과 돈이 필요하지만, 돈만으로는 사역이 오래갈 수 없다. 건물만 덜렁 지어 주거나, 고가의 의료장비부터 기증한다고 병원이 되는 것은 아니다. 사랑과 관심을 가진 의료진이 지속적으로 함께 해야 가능한 것이다.

텐웩 병원이 실력으로 인정받고 규모가 커진 데는 헌신하는 수많은 사람과 협력, 의미 있는 후원금, 기도와 수고의 축적이 하나님의 마음에 합당했기 때문이라는 생각이 들었다. 우리는 이왕이면 일을 잘하는 안과의사가 있는 병원을 돕고 싶었다. 텐웩 병원에 인공수정체 등 100여 명을 수술할 수 있는 물품들을 보내 주기로 했다.

베데스다 연못이 있는 곳

드디어 '눈을 떠요, 아프리카' 1차 비전 루트의 마지막 국가인 우간다에 도착했다. 남아공을 떠난 후 9번째로 도착한 나라, 우간다에서 우리의 길고 긴 여정이 마무리된다. 비공식적으로 방문했던 보츠와나까지 치면 열 번째가 될 것이다.

우간다 국경은 지금까지 통과한 다른 나라들에 비해 거의 초고속으로 통과했다. 2시간이 안 걸렸다. 줄 서서 서류를 작성하고 도장 찍고 그대로 통과했다. 우간다는 NGO에 상당히 호의적이었다. 비전케어 우간다 지부의 차량이 우리를 마중 나와 있었다. 2013년 우리는 우간다에 지부를 세우고 베데스다 병원과 함께 지속적인 안과 의료사역을 하고 있다. 큰 버스에 짐을 싣고 우간다의 수도 캄팔라를 향해 달렸다.

국경을 통과하자마자 도로변 전봇대들이 다 사라졌다. 우간다와 케냐는 그만큼 경제적으로 차이가 났다. 풍경은 아름다웠다. 아프리카에서 가장 큰 담수호인 빅토리아 호수가 국토의 4분의 1을 차지해 물이 풍성했다. 녹차와 사탕수수가 심겨 있는 밭, 그리고 붉은 빛에 가까운 황토가 선명하게 대조되어 다채로웠다. 윈스턴 처칠이 우간다를 '아프리카의 진주'라고 부를 만했다.

한 시간쯤 달리자 비로소 길가에 전봇대가 나타나기 시작

아름다운 차밭이 펼쳐진 우간다. 윈스턴 처칠이
우간다를 '아프리카의 진주'라고 부를 만했다.

했다. 우간다는 크기에 비해 인구밀도가 높은 나라다. 인구밀도가 높으면 여러 가지로 경쟁이 치열하다. 그래서인지 교육열이 굉장히 높다고 한다. 도로변에는 운동장이 널찍한 학교가 많이 보였다. 아프리카의 다른 도시들과 같이 우간다도 산 위에 도시가 발달해 있었다. 산 위쪽에는 부자들의 큼직한 저택들이, 아래쪽에는 노점상과 식당들, 복권판매상들, 가구점이 많았다. 시장 상점들은 비록 조그맣고 허름해도 알록달록 색을 칠하고, 오밀조밀

시장 상점들. 비록 조그맣고 허름해도
알록달록 색을 칠하고, 오밀조밀하게 꾸며 놓았다.

하게 꾸며 놓았다. 원색을 쓴 색감이 아주 독특했다. 교회도 이슬람 사원도 다 예쁘게 장식을 했다. 우간다 사람들은 선천적으로 미술 감각을 타고난 것 같았다. 그리고 우간다는 생각보다 안정된 나라였다.

　　다음 날 캄팔라 한인교회에서 예배를 드렸다. 우간다에서 사역하는 한인 선교사들이 많이 참석했다. 수단에서 내전을 피해

내려온 난민을 수용하는 우간다 국경 쪽에서 사역하는 선교사님이 그곳에도 많은 안과 환자들이 있다면서 도움을 요청했다. 우간다는 에티오피아와 함께 수단 난민을 받아 주는 나라인데 우간다 북쪽에 위치한 난민촌의 규모가 엄청나다고 했다. 우간다 정부는 그들에게 땅을 제공하고 스스로 학교를 세우거나 장사도 할 수 있게 해주지만, 모든 게 부족하고 열악한 곳이었다. 기회가 되면 다음에 갈 수 있도록 계획을 세우기로 했다.

예배를 마친 후, 비전케어의 지부가 있는 베데스다 병원으로 향했다. 우간다 비전케어 지부는 베데스다 병원의 안과 의료 선교사로 있는 최영단 선생님과 함께 일하고 있다. 베데스다병원은 2002년 한국의 선교단체에 의해 세워진 선교병원이다. 현재 내과, 소아과, 안과, 성형외과, 일반외과, 치과가 있으며 현지인 간호사와 임상병리사, 직원 등 22명이 근무하고 있다. 수술실도 잘 갖춰 있다. 우간다에서는 처음으로 위와 대장, 기관지 내시경 장비를 갖춘 작지만 내실 있는 병원이다.

건물 지하에는 예배당이 있어 새벽부터 예배를 드릴 수 있다. 베데스다 병원은 우간다에서 최고의 영재들이 온다는 마케레레 대학 바로 앞에 있다. 이곳에서 선교사들은 환자들을 돌보는 일과 함께 마케레레 대학교 학생들과 성경공부를 하고 있다.

닥터 최의 남편은 임누가 선교사로 소아과와 내과를 맡고 있다. 두 분은 선교병원이 흑자를 낼 수 없다는 것을 너무나 잘 알고 있었다. 돈이 없다는 환자들의 치료비를 깎아 주고 이동 진료까지 다니니 병원 운영은 직원 월급 주기도 빠듯했다.

성경에서 베데스다 연못가는 병자들과 소경과 절뚝발이, 혈기 마른 자들이 누워 치유받기를 기다리는 곳이다. 병자들은 천사가 못에 내려와 물을 동하게 할 때 제일 먼저 들어가면 병이 낫는다고 믿었다. 그곳에 예수님이 오셨다. 많고 많은 사람 중에 38년

된 환자에게 다가가 물으셨다. "네가 낫고자 하느냐?" "예"라고 한 마디만 해도 되는데 그는 이렇게 대답했다. "주여, 물이 동할 때 나를 못에 넣어 줄 사람이 없어 내가 가는 동안에 다른 사람이 먼저 내려가나이다."

아마 그 사람의 마음에는 병이 낫는 것보다 그동안 자신을 물가에 데려다줄 사람이 없었다는 것이 더 서럽고 원망스러웠던 것 같다. 예수님은 아무 조건 없이 그를 고쳐 주셨다. 그 환자는 자신을 고친 사람이 예수님인 줄도 몰랐다. 후에 성전에서 예수님을 다시 만날 때까지.

그렇게 못가에 누워 누군가 자신을 고쳐 줄 사람을 기다리는 환자들에게 다가가 육신의 병을 치료해 주고, 예수님께 인도해 그 영혼까지 치유받게 해주는 것이 우리 비전케어와 베데스다 병원의 선교사들이 해야 할 일일 것이다. 두 달을 나와 함께 고생한 아내가 베데스다 병원 환자대기실의 긴 의자에 길게 누워 쉬었다. 마치 내 아버지 집에 돌아온 것처럼 편안하게.

드디어 헬멧을 벗다

8월 22일, 아침 일찍 우간다 캄팔라에서 조금 떨어진 루가지의 카올로 병원 마당으로 오토바이를 몰고 들어가자, 미리 와 있던 의료 팀 간사들과 자원봉사자들이 나와 권 목사님을 열렬히 환영해 주었다. 색종이가 날리고, 박수소리가 요란했다. 아침 8시가 되기 전인데 길게 줄을 서 있던 우간다 사람들도 덩달아 박수를 치고 휘파람을 불었다.

그날로 오토바이를 타는 일은 공식적으로 끝을 맺었다. 두 달간, 그것도 오토바이를 타고 아프리카의 험한 길을 달리는 위험한 여행의 골인 지점에 도착한 것이다. 여섯 번쯤 오토바이를 타다가 넘어졌다. 회전 교차로를 돌다가 넘어져 아찔했던 적도 있고, 캄캄한 밤 골목길을 헤매다가 오토바이와 함께 완전히 넘어져 무릎에 멍도 들었다. 이상하게 내가 넘어지면 목사님도 따라 넘어졌다. 대형 트럭이 달리는 도로와 캄캄한 산길을 달릴 때는 목숨의 위협도 여러 번 느꼈다.

도중에 너무 힘들어 그만둘까도 생각했다. 권 목사님은 딱 짐바브웨까지 왔을 때 그만 타고 싶었다고 솔직하게 말씀했다. 그러나 이 일을 기획하신 하나님과 우리를 지지하는 분들의 기도가 우리를 붙들어 일으켜 주셨다.

고생이 많았지만, 두 배로 많은 것을 배웠고, 수십 배로 은혜를 체험했고, 수백 배로 아프리카의 아름다움을 감상했으며, 수천 배로 행복했다. 사람들의 박수소리를 들으며 내 인생의 여정을 마치는 날, 나를 기다리고 계실 주님의 따뜻한 환영을 미리 경험하는 듯했다.

'우리가 여기까지 오다니.' 5년 전, 꿈처럼 계획한 것이 이렇게 이루어졌다. 땀과 먼지로 얼룩진 헬멧을 벗었다. 하나님께 감사 기도를 올렸다. 그을리고, 피곤한 얼굴. 그러나 마음만은 벅차올랐다. 위험하다고 모두 말렸지만, 하나님의 부르심과 소명만 믿고 달려온 길이었다. 불기둥과 구름기둥을 따라온 길이었다.

"수고하셨습니다. 감사합니다." 더 이상 말이 나오지 않았다. 걱정하면서도 끝까지 동행해 준 아내를 먼저 안아 주었다. 그리고 총 58일 동안 7,362킬로미터를 함께 달려온 베테랑 바이커들답게 함께 달려 준 권 목사님과 격하게 포옹하며 인사를 나눴다. 목사님 눈에 살짝 눈물이 고인 것 같았는데, 모르겠다. 혹시 내 눈물이었는지도.

카올로 병원 마당에는 많은 사람이 줄을 서 있었다. 도대체

9. 희망을 이길 수는 없다

7,362킬로미터 종단을 마무리하며.
함께 달려온 권 목사님과 격하게 포옹했다.

끝이 보이지 않았다. 이곳 루가지는 우간다의 유명한 빈민가이며 무슬림이 많이 사는 곳이었다. 아침에 세어 봤을 땐 대략 300명쯤 되었는데 시간이 갈수록 더 많은 사람이 몰려왔다. 사전에 선별된 수술환자는 60명이라는데, 새벽부터 외래에 환자들이 모여들었다고 했다. 큰 병원에 가기에는 돈이 없고, 근처에 병원이 없어 제대로 치료를 받지 못하는 사람들이 마지막 지푸라기라도 잡는 간절한 심정으로 아이캠프를 찾아온 것이다. '이분들을 다 어찌해야 하나' 진심으로 걱정이 되었다. 베데스다병원에서 의료봉사를 나오는 곳인 카올로 병원은 안과 수술을 할 수 있을 정도의 병원은 아니었다. 수술실이 따로 없어 새로 수술실을 설치하느라 시간이 걸렸다. 나의 초조함과는 상관없이 병원 밖에는 사람들이 자꾸만 늘어갔다.

    9시가 되자, 붉은 태양이 병원 마당 위로 뜨겁게 내리쬐었다. 피부가 아플 정도로 따가운 볕이었다. 환자들은 땀을 뻘뻘 흘리면서도 줄을 이탈하지 않고 묵묵히 서 있었다. 우간다 사람들은 대체로 조용하고 침착했다. 큰 소리를 내지 않고 말도 조용조용하게 했다. 그러나 차례를 지키는 일에는 아주 민감했다. 몇 번이나 그늘에서 기다리라고 말씀을 드려도 통 움직이질 않았다. 잠시라도 자리를 뜨면 혹시 진료를 받지 못할까봐 그러는 것 같았다. 사람들이 더 늘어나 600명이 넘어갔다. 보다 못한 권 목사님이 임시번호표를 만들어 나눠 주었다. 꼭 이 순서대로 하겠다고 약속을 한 다음에야 사람들은 그늘로 가 땀을 식혔다.

    우간다에서는 여덟 번째로 여는 아이캠프였다. 2009년부터 시작해서 거의 매년 왔다. 쿠미, 캄팔라, 작년에는 캅초라에서 캠프를 열었다. 그러나 이번처럼 많은 사람이 오기는 처음이었다. 우간다는 인구의 1퍼센트인 36만 명이 실명 상태인데 그중 75퍼센트가 치료가 가능하고 그 절반이 백내장 환자였다. 우간다는

"2020년까지 피할 수 있는 실명의 원인질환을 현재의 절반 수준으로 줄이자"는 국제 실명예방 캠페인인 'VISION 2020'을 아프리카에서 맨 먼저 국가정책으로 삼은 나라다.

이곳에서 우리 비전케어 지부와 베데스다 병원은 여러 가지 일을 하고 있다. 그중 가장 비중을 두는 것이 어린 학생들의 눈을 검사하고, 안경을 처방하고, 안질환이 발견된 아이들을 조기에 발견해서 진료하고 수술해 주는 일이다. 그다음은 의사와 간호사들을 훈련시키는 일과, 낙후된 지방병원이 백내장 수술을 계속할 수 있도록 소모품과 약품을 지원하고 노후한 수술 장비나 기구들을 보강해 주는 일을 한다. 마지막 중요한 사역이 안과의사가 없는 곳이나 의사는 있으나 수술을 적극적으로 하지 못하는 곳으로 의료봉사를 나가 백내장 수술을 하는 일이다. 이번에 우리가 아이캠프를 연 카올로 병원도 그런 곳이었다.

목사님은 사람들을 앉혀 놓고 눈에 대한 상식과 수술 후에 눈을 어떻게 관리해야 할지를 설명했다. '수술 후 여기서 주는 약을 하루에 두 번 꼭 먹어라, 수술 후에 머리를 숙이고 힘든 일이나 무거운 것을 들지 마라, 일주일간은 세수를 하지 말고 물수건으로 닦아라, 수술 다음 날에는 꼭 병원에 와서 의사에게 진료를 받아라, 잘 때도 혹시 눈을 비빌 수 있기 때문에 안대를 꼭 해야 한다' 등등을 가르쳤다. 우간다에는 52개 부족이 살고 있다. 공용어는 영어지만 다양한 언어가 쓰이고 있다. 목사님이 영어로 하면 현지인이 통역했다.

수술실 안도 바빴다. 베데스다 안과의 최영단 선생님과 탄자니아에서 와준 배지홍 선생님, 그리고 내가 거의 쉴 새도 없이 수술했다. 수술실 현미경 위에 "투누라(눈을 떠요)", "지비라자(눈을 감아요)"라고 써 붙여 놓고 틈틈이 환자들과 소통했다. 가톨릭 의대를 졸업한 신입 간호사 두 명이 자원봉사를 와주어서 큰 도

눈을 떠요, 아프리카

카올로 병원에 몰려든 환자들.

기다리는 환자들을 대상으로 보건교육 중인 권구현 목사님.

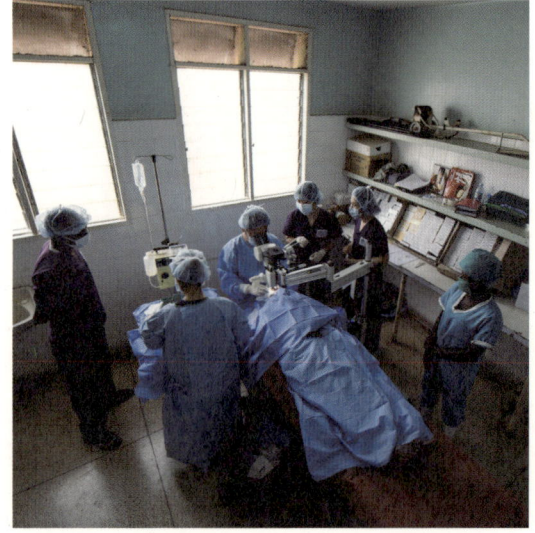

카올로 병원에서 수술 중인 나와 비전케어 스태프들.

움이 되었다. 모두 650명을 진료하고 65명을 수술했다. 목사님 말로는 650번까지 번호표를 준 다음에도 200여 명이 더 왔다고 했다. 더 이상 의사를 볼 수 없다고 하자 엉엉 울면서 돌아간 환자도 많았다.

용기를 내지 못한 모린

아부달라라는 소년이 아버지와 함께 들어왔다. 손에는 편지 한 장이 쥐어 있었다. 이 소년이 사는 마을의 한국인 선교사가 써준 편지였다. 아부달라가 자전거를 타고 가다가 넘어져 눈을 많이 다친 것 같으니 잘 부탁드린다는 내용이었다.

잔찰해 보니 눈동자가 다 터져 있었다. 큰 병원에 가서 전신 마취를 하고 눈을 뽑지 않으면 감염이 속으로 퍼질 것 같았다. 물라고 대학병원에 빨리 가야 한다고 아이의 아버지께 말씀드렸다. 영어도 안 통하고, 스와힐리어도 안 통하는 부족이었다. 통역에 통역을 통해 거듭 강조해서 말을 전했는데 과연 병원에 갈 것인지 걱정되었다.

그다음 들어온 사람은 14세 아이였다. 양쪽 눈동자가 모두 하얗게 변해 있었다. 선천성 백내장이었다. 너무 어려 전신마취를 해야 수술할 수 있었다. 카올로 병원은 그런 시설이 갖춰 있는 곳이 아니었다. 전신마취 시설만 있어도 내가 해줄 수 있는데, 대학병원으로 가라는 차트를 써줄 수밖에 없었다. 지금 수술하면 정상적으로 학교도 갈 수 있고 애들과 같이 뛰놀 수도 있었다. 또 차일피일 방치하게 되면 그 아이는 실명자로 살아갈 수밖에 없었다. 답답하고 안타까웠다.

반짝이 구슬이 달린 연두색 스웨터에 하늘색 주름스커트

를 입은 소녀가 수술실 밖에서 울고 있었다. 16세의 모린이라는 소녀였다. 우리나라 같으면 한참 까르르 웃으면서 중학교에 다닐 나이였다. 안타깝게도 모린은 선천성 백내장이었다. 예정대로라면 어제 수술을 받고, 오늘 아침이면 밝게 웃으며 경과 관찰을 받아야 하는데 그렇게 하지를 못했다. 약간의 정신지체가 있는 모린이 수술대에 누웠다가 울면서 뛰쳐나가 버린 것이었다. 오늘 다시 왔기에 우리 팀원들과 부모님이 달래서 다시 수술실로 들여보냈다.

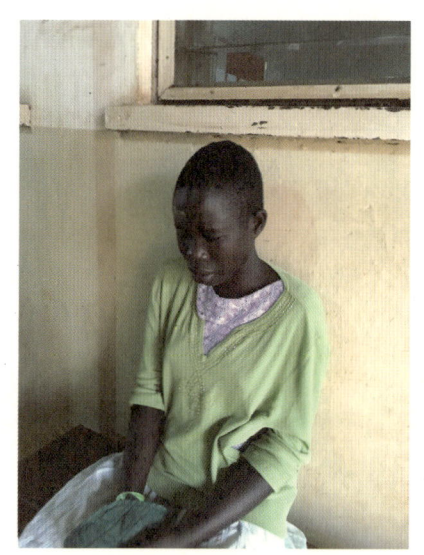

겁이 많던 모린. 결국 수술을 받지 못했다.

치매에 걸린 할머니도 무사히 수술을 받았다고, 아프지 않다고, 겁내지 말라고 다독거려 수술대에 눕혔는데, 결국은 또다시 일어나 나가고 말았다. 수술을 받게 하려고 애를 쓰던 모린의 부모님도 지쳐 돌아가 버렸다. 모린은 내가 모든 사람의 수술을 마칠 때까지 밖에 앉아 있었지만 끝까지 용기를 내지 못했다.

아프리카에는 많은 아이들이 선천성 백내장을 갖고 있다. 선진국의 3-4배에 달한다. 아프리카 대륙에 선천성 백내장 환자가 많은 이유에 대해 아프리카 미래재단의 전진경 선생님은 이렇게 분석했다. "아프리카에는 기본 백신에 풍진이 포함 안 되고 홍역만 맞게 되어 있다가 올해부터 풍진 백신이 시작되었습니다. 그동안 선천성 풍진증후군으로 복합 기형 및 선천성 백내장 환자들이 다른 대륙보다 많이 발생했습니다."

선천성 풍진증후군은 태아가 엄마의 뱃속에서 풍진 바이러스에 감염되어 생기는 이상증세다. 보통 출생 후에 백내장이나 소안구와 같은 눈의 이상, 청력 상실, 심장 기형, 중추신경 이상, 치아 이상 등이 나타난다. 선천성 백내장과 정신지체… 모린의 증상과 같았다. 모린이 용기를 내서 우리가 떠나는 날 아침이라도 와주길 바랐다. 사람들에게 기도 요청까지 했지만 끝내 모린은 나타나지 않았다.

2016년 4월, 모로코 사피에서 아이캠프를 열었을 때도 실명 위기에 처한 아이들이 많이 왔다. 그중 외상성 백내장을 앓고 있는 11세 아이와 선천성 백내장 환자인 8세 아이를 전신마취를 할 수 없어 점안마취로 수술을 끝냈다. 아이들이 죽을힘을 다해 두려움과 아픔을 참고 있다는 걸 느낄 수 있었다. 아이들도 이번 기회가 아니면 다시는 빛을 볼 수 없다는 것을 잘 알고 있었다.

사피 아이캠프에서 수술을 받고 돌아간 11살 모하메드의 담임인 미엘 핫산 선생님이 모하메드와 반 친구들이 비전케어에서 받은 흰 티셔츠를 활짝 펴들고 있는 사진을 보내왔다. 사피에서 500킬로미터도 더 떨어진 사막 근처에서 비전케어에 자원 봉사하러 온 선생님은 자신이 맡고 있는 학생들 가운데 백내장을 앓고 있는 모하메드를 아이캠프에 보내 주었다. 모하메드는 정말 선생님을 잘 만나 인생이 바뀌게 되었다. 선생님은 페이스북을 통

해 "모하메드가 건강하고 씩씩하게 공부를 열심히 하고 있습니
다"라고 소식을 전해 왔다.

달콤한 선물

진찰실 앞에서 환자들은 두려움 반, 기대 반으로 경직된 채 앉아
서 차례를 기다린다. 얼마나 궁금한 것이 많겠는가. 본인이 왜 안
보이는지, 수술은 받을 수 있는지, 또 수술을 받으면 볼 수 있는
지, 수술할 때 아프지는 않은지…. 환자들의 불안을 달래 주기 위
해 우리가 준비한 것들이 있다. 시원한 물과 초콜릿, 사탕이다. 달
콤한 간식 앞에서는 모두 긴장이 풀린다. 노인들도, 청년들도, 아
이들도 딱딱하게 굳어 있던 얼굴이 환하게 펴진다.
　　수술을 받고 시력이 회복된다는 것은 단순히 눈이 보인다
는 것을 의미하지 않는다. 새로운 인생이 열리는 것이다. 수술 후
에 다시 시력검사를 할 때 처음에는 조그맣게 숫자를 말하다가
시력판이 잘 보이는 것을 확인한 환자들이 흥분해서 점점 더 큰
소리로 외치는 모습을 보게 된다. 조용조용 말소리도 작던 우간
다 사람들이 좋아서 소리를 지른다. 춤을 추고, 노래하는 분들도
있다. 그래서 또 우리가 드리는 선물이 있다. 사진이다. 즉석에서
인화한 사진을 한 분 한 분 종이액자에 넣어 드린다. 그러면 자신
의 모습이 찍힌 사진을 밝은 눈으로 몇 번이나 바라보며 소중한
보물이라도 된 양 품에 안는다. 그러나 그분들이 우리에게 준 선
물은 훨씬 컸다.
　　보통 아이캠프 마지막 날에는 환자들과 의료진들이 함께
모여 세레머니를 하고 사진을 찍는다. 작년 우간다 캅초라에서는
아이캠프 200회를 맞아 기념 티셔츠를 나눠 드렸다. 티셔츠의 사

시력이 회복된 사람들의 사진. 그들은 자신이 찍힌 사진을 밝은 눈으로 몇 번이나 바라보며 소중한 보물이라도 된 양 품에 안았다.

6. 희망을 이길 수는 없다

이즈를 물어보느라 "라지, 라지"라고 외쳤더니 환자들이 일제히 받은 티셔츠를 입었다. 알고 보니 "라지"는 현지어로 입으라는 뜻이었다. 한참 재미있게 웃은 적이 있다.

    이번에도 병원 뒤뜰에 모여 세레모니를 했다. 더운 날씨였는데 다행히 구름이 껴 있었다. 원색의 꽃밭 같았다. 꽃분홍색, 보라색, 연두색, 빨강색 화려한 색감을 자랑하는 옷을 입은 환자들이 한 명씩 일어나 "고맙다", "아름다운 우간다에 다시 와달라"고

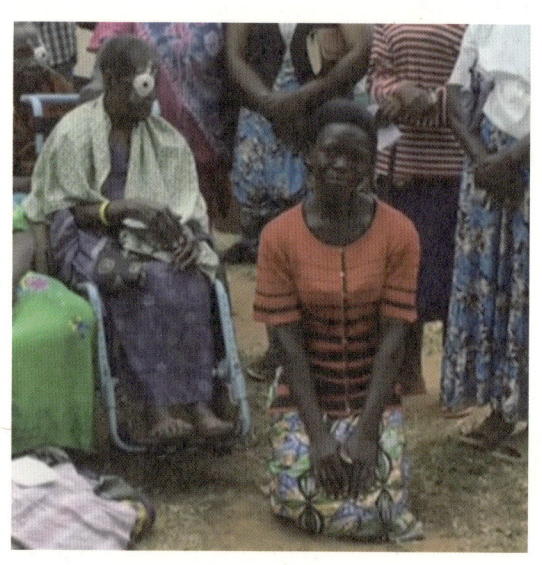

갑자기 땅바닥에 무릎을 꿇고 감사를 표시하는 보호자.
행복한 당신들의 모습을 볼 수 있어서 우리가 더 기쁘다는 말을 하고 싶었다.

했다. 마지막에 한 중년 여성이 말을 이었다. 그분은 어머니를 모시고 와서 수술을 받게 한 사람이었는데, 영어와 현지어에 능통해서 통역으로 자원봉사를 해주었다. "앞을 못 보던 어머니가 이렇게 수술을 받고 눈을 다시 볼 수 있는 이 순간이 얼마나 기쁜지 모릅니다. 대단히 고맙습니다." 그러면서 갑자기 땅바닥에 무릎을 꿇었다. 우리 모두 몸 둘 바를 몰랐다. 빛을 선물할 수 있어

서, 행복한 당신들의 모습을 볼 수 있어서, 우리가 더 기쁘다는 말을 하고 싶었다. 부디 새로워진 두 번째 삶을 아낌없이 누리길 기도했다.

열리는 비전루트

드디어 '눈을 떠요, 아프리카' 프로젝트의 마지막 나라 우간다에서 비전케어 아이캠프를 마쳤다. 환자들의 수술 차트를 카올로 병원 안과 전문 간호사인 베티에게 넘겼다. 우리가 떠난 후 베티가 환자들의 경과 관찰을 하고 약을 나눠 주게 될 것이다.

안과와 안과의사가 귀한 아프리카의 나라에서는 간호사들에게 안과 전문교육을 시켜 환자들을 돌보고, 아이캠프나 이동진료를 할 때 수술할 환자들을 선별해 모아 놓는 일을 한다. 우간다에는 47명의 안과의사가 있는데, 30명이 수도인 캄팔라에 있어 안과의사를 만나기가 여간 힘든 것이 아니다. 그래도 안과 전문 간호사가 있는 곳은 사정이 나은 편이다.

베티는 은퇴가 얼마 남지 않은 59세였는데도 열심히 일을 해주었다. 다른 사람들은 힘들다고 돈 많이 주는 곳으로 떠나는데, 이 병원에는 다행히 베티가 있어 안과 환자들을 지속적으로 돌볼 수 있었다. 고마운 마음을 표현하기 위해 베티에게 감사패를 전달했다.

모든 일정을 마치고 카올로 병원 원장님을 만났다. 원장님은 고맙다고 인사했다. 그리고 이 지역에 백내장 환자가 많다면서 계속 와달라고 부탁했다. 원장님에게 우간다 정부에 더 많은 안과 의사를 파견해 달라고 건의하니 그가 말했다. "매일 정부에 요청합니다. 하지만 정부 관리들은 에이즈나 말라리아, 모자보건과 같은 후원금이 많은 일에만 신경을 씁니다. 안과, 치과, 정형외과 환자들이 이렇게 많은데도 현장의 상황을 정부 관리들이 외면하고 있습니다." 이방인인 내가 생각하는 것과 현장에서 일하는 실무자가 느끼는 바가 똑같았다.

정책이 바뀔 때까지는 오랜 시간이 걸릴 것이다. 우간다에서 우리가 얼마나 많은 일을 해나가야 할지 지금은 예측조차 어렵다. 하지만 주님이 하라고 하시면, 힘닿는 데까지 이 일을 지속할 것이다.

우간다 아이캠프 중에 일부 팀원들은 아프리카 안과 모임의 꽃, 동남부 아프리카안과학회(COECSA)에 참석했다. 8월 25일부터 이틀간 탄자니아 아루샤에서 열린 제4회 아프리카안과학회는 아프리카에서 일하는 안과의사들과 NGO들이 모이는 학회다. 비전케어에서는 탄자니아, 우간다, 에티오피아에서 협력하고 있는 의사 6명을 초청해서 홍보부스를 열고 포스터 프레젠테이션에 참여했다. 탄자니아와 우간다 지부 배지홍 선교사, 우간다지부 최영단 메디컬 디렉터, 비전케어 아프리카 프로젝트 매니저인 김재윤 이사가 함께 참여했다.

비전케어 사업이 활발하게 진행되고 있는 에티오피아, 우간다 그리고 이번 프로젝트를 통해 새로 관계를 맺은 나라들의 안과의사들이 그 어느 때보다 많이 우리 부스를 방문했다. 그분들은 기회가 있으면 자국에 한 번 더 와주기를 원했다. 특히 에티오피아 지부에서 시행해서 큰 효과를 거두고 있는 선진국형 백내장 수술 기법인 초음파유화술교육(PTC)에 큰 관심을 보였다. 이 교육을 자기 나라에도 개설해 달라는 요청이 이어졌다.

미국에서 온 닥터 로이드는 평소에 개발도상국의 안과 의료진 교육에 관심이 많아 초음파유화술교육 자료를 제작해서 배포하는 일을 하고 있다며 우리와 함께 일하기를 원했다. 케냐에서 온 미국 소아안과의사 닥터 니옹고도 우리의 소아안과사업에 참여하고 싶어 했다.

우간다 지부에서는 안과의사를 대신해서 진료를 보고 환자를 사전에 선별하는 안과 전문 간호사 양성 학교 담당자를 만났다. 앞으로 구체적인 교육을 위해 협력하고 지원하기로 했다. 또 메케레레 대학 안과 교수의 요청으로 레지던트들과 안과 전문 간호사훈련생들의 실습을 비전케어 아웃리치와 함께하기로 했다.

동아프리카에는 아직 우리가 찾아가지 못한 나라들이 있다. 소말리아, 수단, 남수단, 르완다, 마다가스카르 등인데 이곳의 의료진들도 우리를 찾아와 지원을 요청했다. 특히 남수단과 소말리아는 안과의사가 전국에 4명밖에 없는 상황이라 우리의 손길이 꼭 필요했다. 하지만 불안한 정세로 인해 우리가 들어가기에는 어려운 상황이었다. 계속 연락을 취하면서 주님의 때를 기다리기로 했다.

비전케어는 작년에 이어 올해 두 번째로 이 학회에 참여했다. 아프리카의 여러 나라 의료진과 기관들이 우리의 사업에 관심이 높았고 함께하기를 원하고 있었다. 앞으로 이분들과 협력해서 효과적인 실명예방사업을 위해 노력해 나갈 것이다.

우간다의 시골 병원인 카올로 병원에는 콘돔을 무료로 가져갈 수 있게 해놓았다. 이런 노력들이 아프리카에서 에이즈를 줄이는 데 큰 역할을 했다. 말라리아와 모자보건 분야도 세계 곳곳으로부터 자금을 받아 예방과 교육을 잘하고 있었다. 우리가 들렀던 많은 아프리카의 병원 벽에는 아기들을 건강하게 기르기 위해 어떻게 할 것인지 그림을 그려 모자보건 교육을 하고 있었다.

앞으로 안과 의료분야도 꾸준하게 환자 수술도 하고, 현지 의료진도 교육하고, 정부 관계자들도 만나 의견을 주고받다 보면 서서히 나아질 것으로 기대한다. 서서히 길이 열리는 것을 본다.

이번 오토바이를 타고 아프리카의 험한 길을 달리며 '눈을 떠요, 아프리카' 프로젝트를 홍보한 것도 비전루트가 열리는 데 조금은 도움이 되었을 것이다.

자밍 예수

우간다 카올로에서 아이캠프를 마치고 그동안 아프리카 9개국을 함께한 오토바이를 한국에 보내기 위한 포장 작업을 했다. 남아공에서부터 우간다까지 거친 길을 그렇게 달렸는데도 고장 나지 않고, 사고도 없이 무사히 임무를 완수한 오토바이가 대견스러웠다. 흙먼지가 적당히 묻은 채 전장에서 살아남은 베테랑 노병 같았다.

    인부 네 명이 와서 동물을 실어 보내는 것같이 나무로 짠 상자 안에 오토바이를 싣고 흔들리지 않도록 단단히 고정했다. 반짝반짝 빛났던 오토바이와 붙여 놨던 태극기, 푸른색으로 아프리카 전도가 그려진 비전케어 엠블럼이 먼지와 태양 빛에 적당히 바래 있었다. 정이 많이 들었는지 막상 오토바이를 떠내보내려니 아쉽고 허전했다. 무생물도 함께하니 이렇게 정이 드는데 두 달 가까이 누비고 다니던 아프리카를 떠나보내는 마음은 말할 것도 없었다. 오토바이 앞에서 우간다 인부들과 함께 마지막 기념사진을 찍었다.

    베데스다 병원 교회에서 주일예배를 드렸다. 이번 여정의 마지막 예배였다. "나는 더 이상 두려움의 노예가 아니다. 나는 하나님의 자녀다"라는 찬양을 불렀다. 두려움을 극복하며 어려운 길을 달려와서 그런지 가사가 마음을 울렸다.

    권 목사님이 예배를 인도했는데 나에게도 한마디 하라고

6. 희망을 잃을 수는 없다

오토바이 앞에서 우간다 인부들과 함께 찍은 마지막 기념 사진.

해서 일어났다. 눈물부터 흘렸다. 그저 감사했다. 두 달 동안 마치 아무 일도 없었던 것처럼 지금 예배당에서 사랑하는 아내와 목사님, 선교사님들, 간사들, 형제자매들과 함께 평안한 가운데 주님께 예배하는 것이 기적 같았다.

첫 번째 아이캠프를 파키스탄 카라치 선한사마리아병원에서 무사히 마치고 눈물로 예배드렸던 것같이 이번에도 눈물로 소감을 대신했다. 무슨 말을 했는지 기억나지 않는다. 나는 울보 의사인가보다.

우간다 캅초라 지역의 말이 있다. 하나님의 축복이 받으라는 뜻의 "자밍 예수!" 주님만 바라보며 아프리카 땅에서 헌신하는 여러분께 하나님의 축복이 있기를!

다시는 하고 싶지 않은 말, 너무 늦었어요

주일 예배를 마치고 권 목사님은 미국으로, 비전케어 간사들과 모든 팀원은 한국으로 보내고 아내와 둘이 남았다. 서울로 돌아간다는 것이 실감 나지 않았다. 다음 날, 우간다 엔테베 공항으로 향하던 중 우간다 지부 팀원으로부터 지난주 우리에게 백내장 수술을 받았던 할머니가 어제 하늘나라로 가셨다는 소식을 들었다. 80세인 할머니는 눈이 보인다고 좋아하면서 혼자 걸어가셨는데, 지병인 폐질환으로 갑자기 돌아가셨다고 한다. 며칠이었지만 이 아름다운 세상과 사랑하는 가족을 보면서 하늘나라로 가셨을 것이다.

이번에 우리가 수술한 환자 가운데 최고령은 105세 되신 할머니였다. 천국이 바로 눈앞에 있는 나이여도 보고 싶은 소망은 어쩔 수 없는 것이다. 다행히 우리를 만나 수술을 받고 천국에 가실 때까지 사랑하는 가족의 얼굴을 볼 수 있게 되었다.

그러나 아프리카의 환자들을 진료하면서 내가 가장 많이 했던 말은 "너무 늦었어요"였다. 조금만 일찍 왔더라면 볼 수 있었을 텐데. 손을 쓸 수도 없이 망가져 버린 눈을 가지고 살아가야 할 사람들이 내 마음을 아프게 했다. 특별히 어린아이들에게 이 말을 할 때는 차마 그 부모의 얼굴을 볼 수 없었다.

큰 대륙에 터무니없이 모자란 안과의사, 도시에만 있는 안과병원, 빈부격차와 높은 의료비 등등 아프리카의 어려운 상황은 현지 정부와 국제기구, 자국의 병원과 의사들, 그리고 NGO에 속한 나와 같은 의사들이 함께 힘을 모아 해결해 나가야 한다.

예산도 모자라고, 현지 사정도 확실치 않고, 주위 사람들은 위험하다고 말리던 '눈을 떠요, 아프리카' 프로젝트를 무사히 마쳤다. 고생도 많았지만 무엇보다 아무도 다치거나 아프지 않았던 것은 하나님의 은혜였다. 주님의 뜻이라면, 일단 시작해야 하는 것이 이번에도 옳았다.

길도 좋았다. 비포장 험한 길이라도 우리가 가고자 하면 길은 다 있었다. 강도 대신 친절하고 순수한 사람들을 만났다. 오토바이가 위험하다고 했지만, 간혹 자전거를 타고 아프리카를 종단하는 서양인도 볼 수 있었다. 주변에서 말린다고 주저앉았다면 나는 아무것도 배우지도, 이루지도 못했을 것이다. 또한 그 많은 환자에게 다시 볼 수 있는 기회를 줄 수도 없었을 것이다.

예산이 없다고, 계획이 확실치 않다고, 도와줄 사람이 없다고, 잘 모른다고 포기해서는 안 된다. 주위는 캄캄하고 물결은 사나워도 예수님만 바라보고 물 위를 걸어가야 한다. 그렇게 걸어가면서 예배를 드리면 교회가 생기고, 환자를 치료하면 병원이 생기고, 아이들을 가르치면 학교가 생긴다.

이번 '눈을 떠요, 아프리카' 프로젝트를 진행하면서 두 달

동안 1,545명을 진료했고 404명에게 시력을 되찾아 주었다. 우리 와 협력한 현지 병원에는 1,000만 원에서 1억 원에 이르는 수술 현미경, 자동굴절검사기, 야그 레이저 등 장비와 의약품을 기증 했다. 그러나 이보다 더 많은 사람이 수술을 받지 못하고 낙심하 며 돌아갔다. 더 이상 환자들이 "너무 늦었어요"란 말을 듣지 않 도록, 쉬운 일이 불가능한 일이 되지 않도록, 더 열심히 아프리카 를 돌봐야겠다.

7.

―

나는
이 길이
좋다

주여,
세계 곳곳에서 가난과 굶주림 가운데 살고 있거나
그로 인해 죽어 가는 인류를 섬기는 데 합당하도록 저희를 만드소서.
―마더 테레사

오토바이로 아프리카를 달린 것은 탁월한 선택이었다. 아프리카 구석구석을 좀 더 알고 싶어 선택한 오토바이였지만 예상보다 더 많은 것을 얻었다. 한순간도 집중하지 않은 순간이 없었다. 음악도 듣지 않고, 졸 수도 없고, 온몸의 감각기관을 다 연 채 아프리카의 바람과 냄새를 직접 느꼈다.

초원 위로 서서히 내려앉는 태양을 바라보는 것과, 위엄 있게 서 있던 바오밥 나무들, 장대한 산맥과 끝없이 펼쳐진 녹차 밭,

조그만 구멍가게 앞에서 우리에게 천진난만하게
웃어주던 아이들.

저녁 무렵 동네를 지날 때 작은 오두막에서 불 피우는 냄새, 눈동자가 더 까만 아이들이 우리를 쫓아 달려오는 모습, 길가에 묶어 놓은 염소들과 한가로이 돌아다니던 개들까지 다 기억난다. 나무로 얼기설기 엮어 만든 길가의 겨우 팔 하나 벌릴 만큼의 조그만 구멍가게 앞에서 우리를 바라보고 천진난만하게 웃어 주던 아이들이 이렇게 말하는 것 같았다. "남루한 옷을 입었다고 불쌍하게

보지 마세요. 맨발로 어린 동생을 업고 일한다고 딱하게 여기지 말아 주세요. 우린 당신보다 더 많이 웃는답니다. 행복하니까요."

캄캄한 밤 광활한 벌판 위로 더 광대한 우주가 펼쳐지면서 영롱하게 빛나던 별빛은 나와 내 아내의 생애에 가장 아름다운 밤이었다. 정말 많은 사람을 만났고, 그들의 음성을 가까이에서 들었다. 아프리카와 아프리카 사람들의 삶과 희망과 고통을 세미하게 알게 되었다. 그러면서 우리의 시각으로 그들을 바라보고 평가한 잘못을 깊이 반성했다.

국민소득이나 평균수명, 교육 수준으로 순위를 매기는 우리 식의 잣대를 들이대기에는 우리보다 더 행복한 사람들이 사는 대륙이었다는 것을 이제야 알게 되었다. "눈을 떠요, 아프리카"라고 외치면서 시작한 일이지만 지금은 내가 아프리카에 눈을 떴다. 부끄러웠다.

아프리카가 비참하고 불행한 땅은 아니었다. 적어도 내가 지나온 나라들은 먹을 것이 풍부했다. 말라리아, 에이즈와 같은 질병들, 높았던 영아사망률로부터도 벗어났다. 도시는 발전하고 있었고 마을마다 아이들이 넘쳤다. 정치와 경제적 분배는 우리도 해결하지 못한 일이니 기다리는 수밖에 없다.

절대빈곤에서 벗어나 이제 인간답게 사는 문제로 접어드는 것 같다. 그에 맞춰 안과 진료에 대한 관심이 조금씩 높아졌다. 우리가 세웠던 원칙인 환자 수술 70퍼센트, 현지 의료인 교육 20퍼센트, 정책 입안자들을 만나 보건의료 정책을 세우는 일 10퍼센트의 비율로 계속 사역을 펼쳐 나가면 앞으로 큰 성과가 있을 것이다.

아프리카 대륙의 중국 진출은 무서울 정도였다. 휴대폰부터 소형차, 대형차까지 처음 보는 중국 상표를 달고 있었다. 사람들은 우리에게 당연한 듯 "니하오"라고 인사했다. 이슬람의 입김도 강하게 불고 있었다. 이슬람 사원들이 눈에 띨 만큼 늘어났다. 그들도 학교와 병원에 공을 들이고 있었다.

우리나라에서도 선교든 기업 진출이든 아프리카에 대한 편견과 선입견에서 벗어나 현실적인 대책이 꼭 필요했다. 우리가 중국이나 이슬람 국가보다 앞선 것은 기술뿐이다. 특히 의료기술은 선진국 수준이다. 중국이 도로를 닦아 주고, 이슬람이 아무리 커다란 모스크를 세워도, 하나님의 사랑으로 의술을 펼치는 일에는 당할 수 없을 것이다. 처음 떠날 때 막연히 품었던 아프리카 대륙의 이슬람 확산에 대한 두려움에서 벗어나 대책을 세울 수 있겠구나 하는 마음이 들었다. 우리는 주님과 함께하고, 주님은 늘 승리하신다.

'눈을 떠요, 아프리카' 프로젝트를 마치고 나서 3주 후에 에티오피아, 우간다, 나이지리아로 갔다.

세 나라 중 나이지리아에서 큰 환대를 받았다. 나이지리아는 IS보다 더 잔인한 이슬람 극단주의 테러 조직인 보코하람이 무차별 테러와 납치를 자행하는 나라라 NGO들이 들어가길 꺼려 한다. 그런 곳에 우리가 갔으니 얼마나 반가웠겠는가. 나이지리아에서는 99명을 수술했다. 그곳에 미러클이라는 두 살짜리 여자 아기가 있었다. 선천성 백내장이라 처음 시력을 측정할 땐 빛만 판별했다. 아이를 마취하고 수술했다. 이번 아이캠프에는 미국에서 소아마취를 전공한 이승규 선생님이 자원봉사로 와주어서 가능한 일이었다. 미러클에게 정말 기적이 일어났다. 빛만 감지하던 아이가 눈앞에 있는 분홍 풍선을 손을 내밀어 잡은 것이다. 다들 환호했다. 소아마취가 가능해서 2세부터 13세까지의 아이들 11명을 수술할 수 있었다. 우간다에서 수술을 받지 못하고 돌아간 모린과 아부달라 생각이 절로 났다.

서부 아프리카에서는 여전히 여자와 아이들을 때리고 있었다. 수술 예약이 다 끝났는데, 눈에 상처를 입어 외상성 백내장이 된 다음 시력을 잃은 20대 여자가 왔다. 동행한 여자의 오빠는 제발 수술해 달라고 무릎을 꿇다가 바닥에 엎드려 빌기까지 했다. 무슨 일로 그렇게 다쳤는지는 묻지 못했다. 그녀는 다행히 자리가 있어 수술을 하고 빛을 다시 보게 되었지만, 여성에 대한 학대가 사라지지 않는 한 이런 외상으로 눈이 멀어 가는 여자들이 끊이지 않을 것이다.

나이지리아 병원의 직원들은 회식 때 우리를 위해 노래를 불러 주었다. 위험한 나라라고 아무도 오려 하지 않는 곳에 용감하게 와준 메릴랜드와 버지니아 주에서 온 미주 비전케어 자원봉사자들에게 진심으로 감사했다.

아프리카로 떠나기 전인 2016년 1월, 나는 대단히 아팠다. 저녁을 먹고 나서 잠자리에 누웠는데 온몸이 부들부들 떨렸다. 주체할 수 없을 정도였다. 혈압이 떨어지고 열이 올랐다. 응급실에 가서 주사를 맞은 것까지만 기억나고 그다음은 정신을 잃어 아무것도 생각나지 않는다. 항생제와 수액 공급을 받고 3일째 되던 날 퇴원했지만, 혈압이 제자리로 올라오는 데 한 달이 걸렸다. 문득 사랑하는 아내와 아이들, 병원, 비전케어 사역을 모두 남겨 놓은 채 이렇게 천국에 갈 수 있겠다는 생각이 들었다. 하나님께서 나에게 하실 말씀이 있는 것 같았다. 더 늦기 전에 '눈을 떠요, 아프리카' 프로젝트를 실행에 옮기기로 마음먹었다.

병원은 어떻게 하나? 건강은 어떻게 하나? 예산도 다 채워지지 않았는데 어떻게 해결하나? 다들 걱정했지만 하나님이 하라시는 일 앞에 세상 걱정이 앞설 수는 없었다. 사실 죽음에 대한 두려움은 없다. 이미 죽고 사는 것은 하나님께 맡겼다. 꽃동네 공보의로 있을 때 매일 죽음과 마주했다. 세상에서 잘나가던 고위직에 있던 사람부터 길가에 버려진 행려병자까지 어떤 차별도 없이 순식간에 닥치는 것이 죽음이었다. 1년에 200명이 넘는 사람이 죽어 가는 것을 지켜보면서 나는 일찌감치 인생의 덧없음을 배웠다. 풀잎에 매달린 이슬같이 덧없이 사라질 인생에 주님이 내게 맡기신 일을 하는 것은 축복 그 이상이다.

나는 이제 50대 중반이다. 의사로 산 지도 25년이다. 경력으로나 실력으로 볼 때 가장 원숙한 시기다. 이 최고의 시간을 나만 위해 쓴다면 얼마나 아까운가. 가장 좋은 양을 제물로 드리듯 내 인생의 정점을 가난하고 병든 사람들에게 바치고 싶은 게 솔직한 마음이다. 무엇보다 이 일이 재미있고, 설레고, 좋다.

아프리카를 두 달 동안 오토바이로 달리면서도 건강에는 아무 문제가 없었다. 아직 여독이 풀리지도 않았는데 나는 다시 아프리카 동북부와 서북부, 서부 지역의 나라들을 돌보는 '눈을 떠요, 아프리카' 2차, 3차, 4차 장기 원정 계획을 세웠다. 에티오피아, 이집트, 수단, 소말리아, 지부티, 모로코, 모리타니, 알제리, 세네갈, 가나, 나이지리아, 코트디부아르, 토고, 베냉 등이다. 내전으로 위험한 나라가 많이 포함되어 있다.

이 험난했던 여정에 권 목사님이 동행해 주어 정말 든든했다. 다음 프로젝트에도 권 목사님과 함께 오토바이를 타고 가고 싶다. 하지만 목사님은 다시는 오토바이로 가지 않을 것 같다. 이번 여정에 탔던 오토바이도 아예 팔아서 우간다 베데스다 병원의 구급차를 구입하는 비용에 보태겠다고 했다. 오토바이는 아직 안 팔렸는데, 멋진 후원자가 나타나 헌금은 약속대로 보낼 수 있었다.

하나님께서 어디로 나를 인도하실지 모른다. 그러나 지금까지 그래 왔던 것처럼 어디로 가라 하시든 순종할 것이다. 이 일은 내가 시작한 것도 아니고, 내가 끝낼 수 있는 것도 아니다. 이전부터 주님이 해오셨고, 그 마무리도 주님이 하실 것이다. 내가 아는 것은 내가 가장 잘할 수 있는 안과 수술로 사람들의 눈을 열어 주고, 예수님 앞으로 데려오는 이 길을 계속 달려가야 한다는 것뿐이다.

비전케어 연혁

2016년	7월	'눈을 떠요, 아프리카' 프로젝트 진행(동남부 아프리카 9개국)
	4월	미주법인 본부 설립(NYC, USA)
2015년	11월	200회 비전아이캠프(Uganda)
	11월	제4회 안과의사세미나(Korean VCOM) 개최
	1월	KOICA 민간단체 지원사업 선정
2014년	12월	제3회 안과의사세미나(Korean VCOM) 개최
2013년	10월	비전케어 베트남지부 설립
	7월	비전케어 우간다지부 설립
2012년	4월	미국 LA 사랑의 개안수술 실시
	4월	제2회 안과의사세미나(VCOM) 개최
2011년	10월	100회 비전아이캠프(Mexico)
	4월	비전케어 미주 서부법인 설립(LA, USA)
2010년	10월	KOICA 협력단체, 해외원조단체협의회 등록
	9월	비전케어 에티오피아지부 설립
	7월	한국국제협력단(KOICA) 국제빈곤퇴치기여금 사업 선정
	4월	비전케어 미주 동부법인 설립(Virginia, USA)
2009년	9월	제1회 안과의사세미나(VCOM) 개최
	1월	비전케어 몽골지부 설립
2008년	12월	외교통상부 사단법인 등록(비전케어)
	4월	IAPB/WHO 가입 Vision 2020 Campaign 협력
2007년	3월	22회 스와질란드 비전아이캠프(아프리카로 첫 진출)
2005년	3월	서울시 비영리 민간단체 등록(비전케어 서비스)
2002년	9월	1회 비전아이캠프(파키스탄 카라치)

비전케어 수상 내역

2016년 2월	중앙커뮤니티 봉사상 (LA 중앙일보)
2015년 12월 24일	국민추천 국무총리상
2013년 11월 25일	2013 아산상 의료봉사부문 수상
2011년 12월 2일	KBS대한민국휴먼대상 〈휴먼네트워크상〉
2010년 12월 23일	국가브랜드위원회 국가브랜드 제고 우수상
2010년 9월 17일	라오스 보건복지부 감사패
2010년 8월 12일	중국 광둥성 산웨이 시(市) 감사기
2010년 4월 30일	이집트 이스마일리아 시(市) 감사패
2010년 3월 17일	스리랑카 보건체육부 감사패
2009년 6월 25일	몽골 도르노드 도(都) 감사패
2008년 10월 28일	서울특별시 봉사상 대상
2007년 6월 18일	몽골 연세친선병원 감사패
2007년 6월 5일	중국 단둥 시(市) 공회 감사기
2005년 9월 19일	파키스탄 선한사마리아병원 감사패

김동해 원장 수상 내역

2016년 9월 1일	청룡봉사상 인(仁) 상
2016년 2월 11일	재외동포신문 2015 올해의 인물상
2013년 9월	국제실명예방기구 2013년 안과 지도자 선정
2011년 3월 19일	아시아태평양안과학회 실명예방 공로상
2009년 11월 7일	태준안과봉사상 수상(대한의사협회)
2009년 3월 25일	보령의료봉사상(대한의사협회)
2007년 10월 22일	한국시각장애인연합회 감사패
2006년 12월 2일	MBC 사회봉사대상 우수상
2003년 12월 1일	서울특별시장 표창
2002년 5월 23일	한국실명예방재단 감사패
2000년 9월 1일	유집상(봉사부문) 은상
1994년 4월 7일	보건사회부 장관 표창

눈을 떠요, 아프리카
Open Your Eyes, Africa

지은이 김동해
펴낸곳 주식회사 홍성사
펴낸이 정애주
국효숙 김의연 박혜란 송민규 오민택 임영주 차길환

2017. 3. 7. 초판 발행 2025. 3. 20. 3쇄 발행

등록번호 제1-499호 1977. 8. 1.
주소 (04084) 서울시 마포구 양화진4길 3
전화 02) 333-5161 **팩스** 02) 333-5165
홈페이지 hongsungsa.com **이메일** hsbooks@hongsungsa.com
페이스북 facebook.com/hongsungsa
양화진책방 02) 333-5161

ⓒ 김동해, 2017

• 잘못된 책은 바꿔 드립니다. • 책값은 뒤표지에 있습니다.

ISBN 978-89-365-0343-7 (03230)